国家重点研发计划：冬残奥越野滑雪、冬季两项与轮椅冰壶项目运动员
身体机能特征专项体能及心理训练的关键技术研究
课题编号：2018YFF0300603

CANJIREN
DONGJI LIANGXIANG YUEYE HUAXUE
SHENTI YUNDONG GONGNENG
XUNLIAN ZHINAN

残疾人冬季两项越野滑雪
身体运动功能训练指南

孙永生 / 著

中央民族大学出版社
China Minzu University Press

图书在版编目（CIP）数据

残疾人冬季两项越野滑雪身体运动功能训练指南 /
孙永生著. -- 北京：中央民族大学出版社，2025.3.
ISBN 978-7-5660-2468-8

Ⅰ.G863.13-62

中国国家版本馆CIP数据核字第2025G7R741号

残疾人冬季两项越野滑雪身体运动功能训练指南
CANJIREN DONGJI LIANGXIANG YUEYE HUAXUE SHENTI YUNDONG GONGNENG XUNLIAN ZHINAN

著　　者	孙永生
策划编辑	赵秀琴
责任编辑	高明富
封面设计	舒刚卫
出版发行	中央民族大学出版社
	北京市海淀区中关村南大街27号　邮编：100081
	电话：（010）68472815（发行部）　传真：（010）68933757（发行部）
	（010）68932218（总编室）　　　（010）68932447（办公室）
经 销 者	全国各地新华书店
印 刷 厂	北京鑫宇图源印刷科技有限公司
开　　本	787×1092　1/16　印张：12.25
字　　数	187千字
版　　次	2025年3月第1版　2025年3月第1次印刷
书　　号	ISBN 978-7-5660-2468-8
定　　价	61.00元

版权所有　翻印必究

序 言

体育在促进小康社会建设、社会和谐发展以及实现民族复兴等方面有着重要作用。党的十八大以来，以习近平同志为核心的党中央高度重视关心体育工作，制定并出台了多项政策支持体育事业的持续健康发展。而残疾人体育事业的发展一直深受党中央高度关注。

在竞技体育中，体能向来是制约实战能力发挥的最基本因素。随着体能训练越来越朝着科学化方向的发展，身体运动功能训练也应运而生，它是体能训练在系统化和科学化方面的一次尝试和突破。而本书也是国内首次针对残疾人冬季两项越野滑雪运动编写的身体运动功能训练指南，为残疾人冬季两项越野滑雪运动员的身体运动功能训练提供了理论与实践方法层面的指导，旨在推动我国残疾人体育事业的进一步发展和训练的科学化进程。本书具体内容涵盖与残疾人冬季两项越野滑雪运动相关的身体运动功能训练的内容与方法，不仅有助于培养残疾人冬季两项越野滑雪运动员对身体运动功能训练学习的兴趣，而且有利于提高残疾人冬季两项越野滑雪运动员对身体运动功能训练的认识并付诸实践，最终达到提升残疾人冬季两项越野滑雪运动员竞技能力的目标。本书所有的训练方法都配有图例说明，完善并丰富了残疾人冬季两项越野滑雪运动员身体运动功能训练的方法库。全书共六章，分别从导论、身体运动功能训练研究现状以及残疾人冬季两项越野滑雪项目的研究现状、我国残疾人冬季两项越野滑雪运动员的功能动作筛查与分析、我国残疾人冬季两项越野滑雪队员专项体能训练、我国残疾人冬季两项越野滑雪队员的恢复与再生、我国残疾人冬季两项越野滑雪队员的体能训练设计这几个方面进行了深入研究，并在前期调研和长时间跟队实践的基础上，针对性地设计和提炼了残疾人冬季两项越野滑雪运动员的专项体能训练的方法和手段。

  本书的出版得到了首都体育学院"国家重点研发计划：冬残奥越野滑雪、冬季两项与轮椅冰壶项目运动员身体机能特征专项体能及心理训练的关键技术研究"项目经费的资助。本书能够最终完成也要感谢四位动作模特首都体育学院研究生刘晓旭、黄军、张雅涵、李灵瑞以及两位辅助工作者研究生余胜强和周芳的协助。由于作者研究水平有限和残疾人冬季两项越野滑雪项目的特殊性，书中难免有不足之处，恳请各位专家和读者予以斧正。

目 录

第一章 导论 ··· 1
  第一节 发展残疾人体育事业的意义 ································· 1
  第二节 身体运动功能训练的概念与范畴 ·························· 3

第二章 身体运动功能训练与残疾人冬季两项越野滑雪项目研究
··· 5
  第一节 身体运动功能训练的发展 ···································· 5
    一、身体运动功能训练在研究领域的发展 ···················· 5
    二、身体运动功能训练在实践领域的发展 ··················· 12
    三、身体运动功能训练在其他领域的发展 ··················· 14
  第二节 残疾人冬季两项越野滑雪项目的研究 ·················· 15
    一、残疾人越野滑雪和冬季两项项目的起源与发展 ······ 15
    二、残疾人冬季两项越野滑雪运动员分级标准 ············ 19
    三、残疾人冬季两项越野滑雪项目技术动作特征研究 ···· 22
    四、残疾人冬季两项越野滑雪项目体能训练的特点 ······ 30

第三章 残疾人冬季两项越野滑雪运动员的筛查与评估 ········ 32
  第一节 功能动作筛查与分析 ·· 32
    一、坐姿运动员筛查结果与分析 ······························· 32
    二、站姿运动员筛查结果与分析 ······························· 35
    三、视障运动员筛查结果与分析 ······························· 36

第二节　专项体能测试与分析 ·················· 38
　　　　一、坐姿运动员专项体能测试结果与分析 ·········· 38
　　　　二、站姿运动员专项体能测试结果与分析 ·········· 40
　　　　三、视障运动员专项体能测试结果与分析 ·········· 41

第四章　残疾人冬季两项越野滑雪运动员专项体能训练 ········ 43
　　第一节　坐姿运动员专项体能训练 ·················· 44
　　　　一、上肢推动作模式 ·························· 44
　　　　二、上肢拉动作模式 ·························· 50
　　　　三、躯干支柱力量训练动作模式 ················ 61
　　第二节　站姿运动员专项体能训练 ·················· 73
　　　　一、上肢推动作模式 ·························· 73
　　　　二、上肢拉动作模式 ·························· 79
　　　　三、下肢推动作模式 ·························· 84
　　　　四、下肢拉动作模式 ·························· 88
　　　　五、躯干动作模式训练 ························ 93
　　第三节　视障运动员专项体能训练 ·················· 104
　　　　一、上肢推动作模式 ·························· 104
　　　　二、上肢拉动作模式 ·························· 108
　　　　三、下肢推动作模式 ·························· 118
　　　　四、下肢拉动作模式 ·························· 123
　　　　五、躯干动作模式训练 ························ 132

第五章　残疾人冬季两项越野滑雪运动员的恢复与再生 ······ 140
　　　　一、恢复与再生训练的原理 ···················· 141
　　　　二、恢复与再生训练的内容 ···················· 141

第六章　残疾人冬季两项越野滑雪运动员的体能训练设计 ··· 164
　　第一节　运动员起始状态测试 ······················ 164
　　　　一、选择性功能动作评估 ······················ 165

二、专项体能测试 ………………………………………… 171
第二节　身体运动功能训练计划制定 ……………………… 172
　　一、训练计划制定 ………………………………………… 172
　　二、训练效果评估 ………………………………………… 179

主要参考文献 ……………………………………………… 183

第一章 导论

导语：本章重点阐述了发展残疾人体育事业和撰写残疾人冬季两项越野滑雪身体运动功能训练指南的意义，同时介绍了身体运动功能训练的概念和涵盖的内容。

第一节 发展残疾人体育事业的意义

体育在促进小康社会建设、社会和谐发展以及实现民族复兴等方面有着重要的作用。党的十八大以来，以习近平同志为核心的党中央高度重视关心体育工作，制定并出台了多项政策支持体育事业的持续健康发展。习近平总书记也在不同场合多次发表有关推进全民健身、体育强国事业的讲话。他指出："体育是社会发展和人类进步的重要标志，是综合国力和社会文明程度的重要体现。体育在提高人民身体素质和健康水平、促进人的全面发展，丰富人民精神文化生活、推动经济社会发展，激励全国各族人民弘扬追求卓越、突破自我的精神方面，都有着不可替代的重要作用。"① 他强调指出："2020年全面建成小康社会，残疾人一个也不能少。"在习近平新时代中国特色社会主义思想指引下，残疾人体育和健康已成为"全民健身、健康中国"不可缺少的一部分。中国残疾人联合会2018年发布的数据显示，我国残疾人总数约为8500万②。面对人数如此多的残疾人群，要想发展残疾人体育事业必须从全方面多角度着手。大型残疾人体育赛事的举办必然会对残疾人体育事业的发展起到一定的促进作用。作为新时代的我们，要积极采取有效策略，使我国由体育大国向体育强国迈进，同时要做好残疾人体育事业。另外，我们应该清醒地认识到，我国竞技体育发展还很不平衡。竞技体育领域要打破现有的成绩格局，在保持传统优势领域项目的同时，分析非优势项目存在的问题及原因并补齐短板，以此推动各项目整体均衡发展，最终实现各项目全面发展的新局面。因此，我们要跟踪国际竞技体育发展的整体趋势和未来走向，深入研究国际一流水平运动员在训练方面的成功经验，并根据实际情况正确把握项目训练和发展规律，科学化发展体能训练，进而促进其他竞技要素如技能、战能等全面发展，从而不断提升国际竞争力。

美国物理治疗康复领域研究和实践的发展产生了功能训练，随后其训练和方法手段被引入竞技体育领域。功能训练在后续发展中得到了体育专家学者和一线教练员的广泛关注，并对其理论和实践方面进行了大量的研究，同时也进行了大力的推广。2011年，国家体育总局成立"备战伦敦奥运会身体功能训练团队"，与此同时，与美国AP公司达成了合作意向并最终签署合作协议，开启了功能训练在我国发展的序幕。此后，国家体育总局继续与AP公司以及首都体育学院合作，成立了备战里约奥运会身体运动功能训练团队，为各支国家队提供身体运动功能训练服务。备战东

---

① 刘鹏.从体育大国向体育强国迈进——深入学习贯彻习近平同志关于体育工作的重要论述.人民网.http://opinion.people.com.cn/n/2014/0331/c1003-24776919.html.

② 赵燕潮.中国残联发布我国最新残疾人口数据全国残疾人口逾8500万[J].中国残疾人，2012（4）：20.

京奥运会期间，首都体育学院身体运动功能训练团队又中标国家体育总局射击射箭管理中心身体运动功能训练奥运科技服务项目。通过三届奥运会备战，身体运动功能训练的效果得到了国家队教练员和运动员的认可。备战东京奥运会时，国家体育总局竞技体育司下发了《体育总局办公厅关于进一步强化基础体能训练恶补体能短板的通知》，要求"不断推进体能训练创新，通过强化体能训练，补齐短板，以实际行动践行习近平总书记指示精神，打造一支体能充沛、技术精湛、能征善战、作风优良的国家队"。在此背景下，作为体能训练内涵和外延进一步发展的身体运动功能训练有了广阔的用武之地。而北京成功取得2022年冬奥会和冬季残奥会的举办权，不仅为残疾人运动员创造了展现自我的舞台和契机，同时也为进一步推进残疾人体育事业发展创造了有利条件。因此，针对残疾人冬季两项越野滑雪运动员的身体运动功能训练的实践和总结并形成训练指南尤为重要，这对促进我国残疾人体育的研究和事业的发展将起到进一步的推动作用。

第二节　身体运动功能训练的概念与范畴

毫无疑问，身体运动功能训练是在体能训练的基础上进一步发展而来的。我国学者对体能的概念表述没有达成统一的认识，这一概念依然处于一种泛化的状态和阶段。另外，虽然在体能的下级指标的组成划分中有三要素、四要素等说法，但在实际训练中都以身体素质的训练为主，也只有身体素质这一指标在向下一级延伸出的指标可以进行系统的训练，而其他要素虽然可以向下一级指标延伸，但怎么训练依然搞不清，也没有具体训练方法手段。从逻辑关系上来看，刨除先天遗传和自然生长发育的因素，从训练的角度来讲，正是由于身体素质的训练才会带来身体素质的改变，进而影响身体形态和身体机能的变化，这是一个正向的关系，而不是逆向的关系，而且在实际训练中我们也不存在身体机能训练和身体形态训练。①

本书关于身体运动功能训练的概念如下：身体运动功能训练，是为满足特定人群和特定岗位之需，在专业人士的指导下，通过筛查与评估而专门制定和实施的针对性干预方案与具体活动。上述定义包含着以下基本要素：第一，定义对象为人的全生命周期过程中身体运动功能训练范畴。第二，满足特定人群和特定岗位对运动功能之需是身体运动功能训练的目的。第三，专业人士和特定岗位及人群是身体运动功能训练活动的主体；专业人士是筛查与评估的实施者，同时也是干预方案的制定者和指导者；特定人群要在专业人士的指导下，积极配合并参与到具体的干预活动之中。②

同时，本书对身体运动功能训练的产生轨迹做了系统的梳理。主要是从最早的身体训练中的身体素质训练（力量、速度、耐力等），然后到体能（形态、机能、素质三要素），进一步发展到核心区力量训练（身体素质训练中力量训练内容的拓展）、动力链训练（物理治疗领域人体链是反应中关节链的一个分支，分为开式运动链和闭式运动链，关注点在关节运动上）以及功能训练（悬吊、平衡等，注重肌肉间的协同训练和整体训练），最后再到身体运动功能训练（将AP训练的内容板块纳入）。本书认为，竞技体育领域的身体运动功能训练的内容结构和范畴既包括传统体能训练，又涵盖了核心区训练、动力链训练以及功能训练和AP训练内容体系的整合。同时，提升功能能力的方法和手段不应仅局限于竞技体育领域的训练手段，而要随着研究的深入不断地进行丰富。

---

① 孙永生.我国身体运动功能训练的理论研究[D].北京：首都体育学院，2021：39.
② 孙永生.我国身体运动功能训练的理论研究[D].北京：首都体育学院，2021：46.

第二章　身体运动功能训练与残疾人冬季两项越野滑雪项目研究

导语：本章从身体运动功能训练的研究领域、实践应用研究等方面对其发展进行了梳理，同时介绍了残疾人冬季两项越野滑雪项目的起源与发展、残疾分级标准、体能训练特点、技术动作特征研究等内容。

第一节　身体运动功能训练的发展

一、身体运动功能训练在研究领域的发展

（一）身体运动功能训练相关论文发表情况

以"功能训练"和"身体运动功能训练"为关键词，在中国知网（CNKI）检索相关文献，检索到以"功能训练"为关键词的论文317篇，以"身体运动功能训练"为关键词的论文46篇，将检索出的论文进行再次筛选去重，一共得到348篇相关论文（见表2-1）。由于功能训练领域的研究成果较多，涉及范围较广，因此为了客观系统地掌握国内身体运动

功能训练领域的研究发展情况，本文运用可视化软件进行分析，得到知识图谱，从而以最直观的方式来展现目前国内身体运动功能训练在研究领域的情况。

表2-1 国内相关文献检索的统计

关键词	检索年限/年	文献检索结果
功能训练	1979—2020	博士论文2篇 硕士论文99篇 会议论文26篇 学术期刊144篇 其他论文45篇
身体运动功能训练	2013—2020	博士论文1篇 硕士论文14篇 会议论文7篇 学术期刊17篇 其他论文7篇

1.国内研究年度发文情况

统计相关论文数量，能更加直观和清晰地了解研究文献的时空分布特征和相关领域研究的发展趋势。1979—2020年，相关的研究文献从2013年起明显增多，到2019年达到最高值。总体而言，身体运动功能训练在体育领域的研究呈上升趋势（见表2-2）。

表2-2 文献数量分年统计

序号	发表年度	论文数量
1	2020	36
2	2019	61
3	2018	54
4	2017	42

续表

序号	发表年度	论文数量
5	2016	45
6	2015	31
7	2014	30
8	2013	11
9	2012	8
10	2011	7
11	2010	2
12	2009	5
13	2007	2
14	2006	2
15	2005	1
16	2004	4
17	2003	1
18	2002	1
19	1999	1
20	1997	1
21	1995	1
22	1981	1
23	1979	1

2.国内与本研究相关的研究机构情况

研究机构可以为专家、学者及未来的研究者提供研究成果的来源与出处。这也是Cite Space软件自带的可视化分析功能。论文研究机构统计分为两个方面：一是对筛选出来的348篇相关论文运用Cite Space5.7.R3软件，设置节点为"Institution"，阈值选取为"50"，点击"Go"运行，得到可视化图谱，经过编辑图片后形成共线关系图谱。二是对筛选出来的论文的发文机构所在城市进行统计，主要统计排名前8名的机构。1979—2020年，发表相关论文的机构主要集中在北京、石家庄、开封、兰州和哈尔滨5个城市，发文量最高的机构所在城市是北京，其中发文量最多的是首都体育学院和北京体育大学，分别为41篇和25篇（见表2-3）。说明该领域科研发展较快的地区是北京市，其功能训练领域体育类院校的科研能力要高于其他综合类学校和研究所。

表2-3 文献发表的研究机构统计

排序	研究机构	城市	论文数量
1	首都体育学院	北京	41
2	北京体育大学	北京	25
3	河北省体育科学研究所	石家庄	4
4	河南大学体育学院	开封	4
5	国家体育总局竞技体育司	北京	3
6	西北师范大学体育学院	兰州	3
7	八一军体大队科研所	北京	3
8	哈尔滨体育学院	哈尔滨	3

通过共线图谱可以反映出两个机构的合作关系，字体越大表明发文数量越多，两个机构之间的连线代表彼此的合作关系。图谱最上面的颜色代表了时间轴，从左到右反映的是1979—2020年，图谱中两个节点之间的连线颜色可以反映出相互合作的一个时期。通过图谱可以看出，功能训练领域的发文机构之间连线较少，彼此合作较少（见图2-1）。

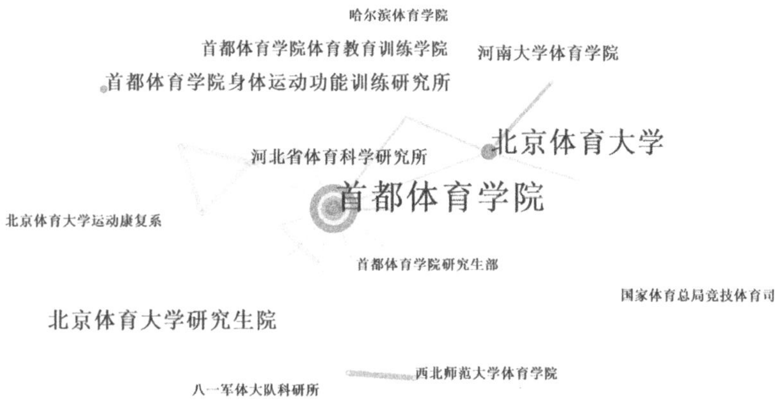

第二章 身体运动功能训练与残疾人冬季两项越野滑雪项目研究

哈尔滨体育学院
首都体育学院体育教育训练学院
首都体育学院身体运动功能训练研究所
河南大学体育学院
河北省体育科学研究所
北京体育大学
首都体育学院
北京体育大学运动康复系
首都体育学院研究生部
国家体育总局竞技体育司
北京体育大学研究生院
八一军体大队科研所
西北师范大学体育学院

图 2-1 功能训练论文的机构共线图谱

3.论文多产作者的情况

论文多产作者的统计，可以展现在此研究领域有贡献和影响的个体，为未来研究者提供专家咨询支持。操作 Cite Space5.7.R3 软件，时间切片设置为 1979 — 2020 年，每一年一切割，设置节点为"Author"，其他参数区设置默认值，点击"Go"运行，得到 1979 — 2020 年功能训练论文多产作者共线图谱。这里选取发表 2 篇以上论文为多产作者指标，发文量越大，字体越大，线条越粗，而作者间的合作密切程度也可以从相关线条看出，没有线条的是独立的研究个体。根据图谱可以清晰地看到尹军的发文量最多，其次是周龙峰，然后是其他作者。从作者节点之间连线来看，我国功能训练研究领域的合作关系较少（见图 2-2）。与其他作者合作关系较多的是尹军、周龙峰、潘迎旭、史衍、戾铮等，袁守龙、王安利与其他作者有少量的合作，而像杨川川、张路萍、张英波、邓运龙等作者的节点比较孤立，与其他作者之间合作较少。尹军与其他作者之间合作最多，合作关系也最为紧密。

图 2-2 论文多产作者共线图谱

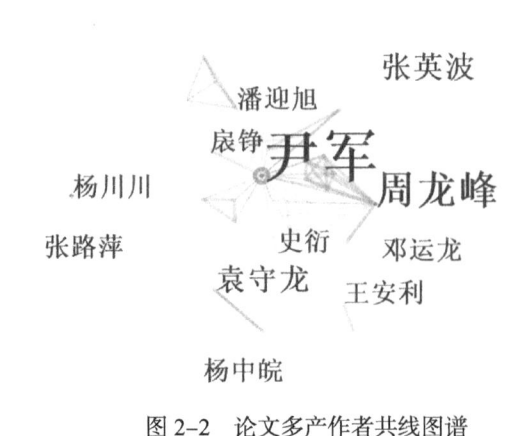

4.国内相关研究论文的关键词情况

关键词检索是文献检索的主要方法和手段，会得到与本研究相关的大部分重要理论成果，会让笔者及读者了解与此相关的科研成果。本研究利用 Cite Space5.7.R3 软件，对国内1979—2020年中国知网收录的348篇关键词为"功能训练"和"身体运动功能训练"的论文进行可视化分析，以揭示我国1979—2020年功能训练相关领域的研究热点。所得到的共线网络图谱共有691个节点1668条连线，在此选取频次较高的15个关键词节点进行分析。图谱（见图2-3）中每一个关键词代表一个节点，节点越大代表频次越多，节点之间的连线代表节点之间的共线关系，连线越粗代表关系越紧密，节点外的圆环代表中心性，中心性越高圆环越大。关键词的频次和中心性可以呈现专家学者研究的关注点，也会为本研究提供研究热点参考。从高频关键词来看（见表2-4），"功能训练"是出现频次最高的关键词，其出现频次为181次，其次是"身体运动功能训练"出现频次为45次。15个高频关键词中我们发现前五个关键词都跟训练有关，所以综合关键词的频次可以看出1979—2020年国内功能训练的研究热点分为两个领域，一是提高身体素质为目的的功能训练领域，二是以功能动作筛查为基础防止运动损伤领域。

图 2-3 关键词共线网络图谱

表 2-4 关键词和频次情况

序号	频次	关键词	中心性
1	181	功能训练	0.63
2	45	身体运动功能训练	0.28
3	30	身体功能训练	0.10
4	29	体能训练	0.15
5	20	功能性训练	0.08
6	17	身体素质	0.04
7	15	功能动作筛查	0.09
8	13	FM（FMS）	0.06
9	13	训练	0.06
10	11	动作模式	0.09
11	9	运动损伤	0.04
12	9	功能性动作筛选	0.02
13	9	大学生	0.01

续表

序号	频次	关键词	中心性
14	7	青年	0.02
15	4	动力链	0.02

（二）身体运动功能训练书籍出版情况

身体运动功能训练在书籍出版方面也比较好。近年来国内出版的主要书籍情况如下：2013年首都体育学院尹军等出版了专著《乒乓球运动员身体运动功能训练》[①]，2014年国家体育总局训练局王雄等主编出版了《身体运动功能训练动作手册》[②]，2015年尹军等出版了高等学校社会体育专业教材《身体运动功能训练》[③]和高等学校体育专业教材《身体运动功能诊断与训练》[④]，2017年首都体育学院王骏昇等出版专著《射击运动员身体运动功能训练》[⑤]，2017年尹军等出版了《身体运动功能训练》[⑥]，2018年华南师范大学张秀丽等出版了《少年儿童身体运动功能训练》[⑦]。

二、身体运动功能训练在实践领域的发展

（一）身体运动功能训练在竞技体育领域的应用

2011年9月，国家体育总局训练局、首都体育学院和北京体育大学以及美国AP公司职业身体运动功能训练专家组成备战2012年伦敦奥运会国

[①] 尹军，张启灵，陈洋.乒乓球运动员身体运动功能训练[M].北京：北京体育大学出版社，2013.
[②] 王雄.身体运动功能训练动作手册[M].北京：人民体育出版社，2014.
[③] 尹军，袁守龙.身体运动功能训练[M].北京：高等教育出版社，2015.
[④] 尹军.身体运动功能诊断与训练[M].北京：高等教育出版社，2015.
[⑤] 王骏昇，尹军，齐光涛.射击运动员身体运动功能训练[M].北京：人民体育出版社，2017.
[⑥] 尹军，袁守龙.身体运动功能训练[M].北京：人民体育出版社，2017.
[⑦] 张秀丽，张威，刘改成.少年儿童身体运动功能训练[M].北京：科学出版社，2018.

家队身体功能训练团队。在国家体育总局领导的支持下,从工作正式启动至伦敦奥运会结束,根据各支国家队需求,身体功能训练团队全面保障或分时期满足了男女乒乓球等近20支国家队身体功能训练服务需求,为我国运动员在伦敦奥运会上取得境外参赛最佳成绩作出了积极贡献,同时也培养了一支中国自己的身体功能训练队伍。2014年2月,国家体育总局竞体司联手首都体育学院以及美国AP公司和VSP公司的职业身体运动功能训练专家再次组建备战2016年里约奥运国家队身体运动功能训练团队,团队先后为中国乒乓球队、跳水队、体操队、射击队、举重队、羽毛球队、柔道队、击剑队、自行车队等22支国家队提供身体运动功能训练服务,训练效果得到了教练员和运动员的肯定。里约奥运会总结表彰大会上,时任国家体育总局局长刘鹏在总结报告中对身体运动功能训练团队的工作表示了认可。东京奥运会周期,国家体育总局射击射箭运动管理中心又公开向社会招标为三支国家队身体运动功能训练提供科技服务,首都体育学院身体运动功能训练团队成功中标以上奥运科技服务,服务期间身体运动功能训练的效果得到了中心领导、领队、教练员和运动员的一致好评。

(二)身体运动功能训练在学校体育领域的发展

首都体育学院作为国内知名的体育类院校,是学校体育领域开展身体运动功能训练研究与实践最好的单位之一。2012年学院成立了青少年身体运动功能训练研究所,身体运动功能训练也成了运动训练和体育教育专业本科层次的必修课,硕士层次设立了身体运动功能训练理论与方法研究方向,博士方向有服务国家特殊人才项目青少年身体运动功能训练博士点。首都体育学院多次举办身体运动功能训练国际论坛和身体运动功能训练培训班,来自世界各地的学者、专家和全国的体育院校、师范院校、综合性大学、部队院校、警察院校等多个单位的教师参加了论坛和培训,为身体运动功能训练理论与方法在各级各类学校的普及与推广发挥了引领和示范作用，对推动身体运动功能训练的发展起到了积极的作用，同时也创造了很好的社会效益。清华附中上地学校于2014年开始在全校推广身体运动功能练习操，并开设了身体运动功能训练课，海淀区花园村二小开展了身体运动功能练习操活动，朝阳区石佛营小学也开设了身体运动功能训练课。这些都很好地丰富了体育课教学内容和方法。福建省教育学院也多次举办全省中小学体育教师身体运动功能训练培训班，以此来开阔教师们的专业视野，丰富体育课堂的教学内容。

三、身体运动功能训练在其他领域的发展

除竞技体育领域和学校体育教育领域外，身体运动功能训练也向其他领域拓展。全民健身领域，自2015年以来，身体运动功能训练在社会上得到了迅速发展，全国有上万家健身俱乐部开始应用身体运动功能训练方面的方法和手段。一些培训机构如创新驱动教育科技研究院等也多次开展身体运动功能训练培训班，促进了身体运动功能训练向普通人群的推广。另外，身体运动功能训练也开始向特种行业领域延伸。

第二节 残疾人冬季两项越野滑雪项目的研究

一、残疾人越野滑雪和冬季两项项目的起源与发展

第二次世界大战结束后，由于有许多受伤的士兵和普通人试图重新参加滑雪活动，残疾人冬季体育运动就逐渐发展起来。早期的残疾人冬季体育运动先驱有奥地利失去双腿的塞普·茨维克纳格，他用假肢从事滑雪运动。后来滑雪运动器材设计方面出现了革新，如创造出使用拐杖的三板滑雪（three-track skiing）——独腿运动员单脚穿一只滑雪板，再使用分别装配有小滑雪板的双拐，这样雪地上便留下了三条痕迹。这一器材的应用使得1948年2月奥地利17名残疾人参加滑雪比赛。因广大残疾人滑雪爱好者十分欢迎这项比赛，于是翌年在奥地利的巴德加施泰因（Badgastein）举行了首届奥地利三板滑雪锦标赛。

20世纪70年代，不同残疾类别运动员参加的滑雪比赛开始举办。1974年，在法国的大波尔南（Grand Bornand）举行了第一届世界残疾人滑雪锦标赛，比赛设高山滑雪（alpine skiing）和越野滑雪（cross-country skiing）两个项目，由截肢运动员和视觉受损运动员参加。1976年，第一届冬季残疾人奥林匹克运动会在瑞典的恩舍尔兹维克举行，共有14个国家的250多名盲人和截肢运动员参赛，比赛设高山滑雪和北欧滑雪两个项目。如今，不同残疾类别的运动员可分别参加各自级别的比赛。残疾人越野滑雪参赛运动员分为肢体残疾和视力障碍运动员。肢体残疾的运动员根据功能损伤不同，可以采用站姿滑雪，也可以采用坐姿滑雪。坐姿滑雪要在一对滑雪板上装备一个椅子，运动员坐在椅子上滑行。而手臂截肢的运动员滑雪时不使用雪杖。视力障碍的运动员可以与一名视力正常的引导员

一起参加比赛。男女运动员采用传统式或自由式技术在短距离、中距离和长距离（1.1公里至20公里）进行比赛或参加团队接力。传统式要求运动员在事先压好的雪槽内滑行，自由式则不受限制。冬季残奥会至2024年已举办13届（见表2-5），我国残疾人越野滑雪起步较晚，自2002年组建了第一支残疾人越野滑雪运动队以来，陆续参加了国际上不同级别的残疾人越野滑雪比赛，但都未取得理想的成绩，显现出我国残疾人越野滑雪与其他冰雪强国在这一项目上的差距。

表2-5 历届冬残奥会举办情况回顾

届数	时间/年	举办国家	举办城市	参赛者范围	人数/人	举办时间
第1届	1976	瑞典	恩舍尔兹维克	盲人、截肢者	250	1976年2月21日—28日
第2届	1980	挪威	耶卢	运动功能有残疾者	350	1980年2月1日—7日
第3届	1984	奥地利	因斯布鲁克	运动功能有残疾者	350	1984年1月14日—20日
第4届	1988	奥地利	因斯布鲁克	运动功能有残疾者	397	1988年1月17日—24日
第5届	1992	法国	阿尔贝维尔	运动功能有残疾者	457	1992年3月8日—16日
第6届	1994	挪威	利勒哈默尔	运动功能有残疾者	1000	1994年3月17日—21日
第7届	1998	日本	长野	运动功能有残疾者	571	1998年3月7日—15日
第8届	2002	美国	盐湖城	运动功能有残疾者	450	2002年3月8日—17日
第9届	2006	意大利	都灵	运动功能有残疾者	600	2006年3月10日—29日
第10届	2010	加拿大	温哥华	运动功能有残疾者	700	2010年3月12日—21日

续表

届数	时间/年	举办国家	举办城市	参赛者范围	人数/人	举办时间
第11届	2014	俄罗斯	索契	运动功能有残疾者	700	2014年3月7日—16日
第12届	2018	韩国	平昌	运动功能有残疾者	569	2018年3月9日—18日
第13届	2022	中国	北京、张家口	运动功能有残疾者	未知	2022年3月4日—13日

越野滑雪运动最初源于欧洲北部地区，因此被叫作北欧滑雪，是目前已知最早的滑雪运动之一，也是第一批列入冬残奥会的冰雪项目，因此，越野滑雪具有非常悠久的历史。在15—19世纪，越野滑雪作为滑雪项目之一，在欧洲一些国家成为体育比赛的内容。20世纪20年代，国际滑雪联合会（FIS）在法国的夏蒙尼建立，越野滑雪项目在第一届的冬季奥运会就被列为比赛项目。高山滑雪和越野滑雪两个大项贯穿于冬季残疾人奥林匹克运动会整个历程，具有特殊且重大的意义。冬残奥会的参赛运动员由于身体的残疾程度的不同都会在比赛前被进行分级，越野滑雪项目也同样如此，分别根据肢体残疾程度的不同分为：站姿组和坐姿组。残疾人奥运会的残疾程度的分级是每次赛前必备的程序之一，也是运动员公平竞赛的基础。在越野滑雪项目综合实力上基本上由欧洲国家主导，代表国家有瑞典、俄罗斯、挪威等国，随着更多后起之秀的不断崛起，在越野滑雪项目上所呈现的竞争态势也更加复杂化。从发展趋势来看，近些年来还从未有其他国家能够动摇北欧国家的优势地位，但总体趋势是朝着多极化的方向发展，竞争格局也更加具有平衡性。我国由于越野滑雪运动起步晚，1980年的第十三届冬奥会我国才第一次派出代表参加越野滑雪项目的比赛，但并未取得名次。在此背景下"北冰南展"的政策应运而生，在全国范围内开展了一场轰轰烈烈的冰雪运动潮，将冰雪运动由东三省逐步推广到全国各个省份。此后，国内的冰雪运动也由此兴起，冰雪运动在国内成

为一种潮流。但纵观历届冬残奥会，中国队越野滑雪男女个人项目的最佳成绩分别是郑鹏在2018年平昌冬残奥会男子坐式15公里越野滑雪第4名与吴园园在2010年温哥华冬残奥会女子站姿5公里第5名的成绩。我国的越野滑雪运动虽然得到了长足发展，但不管在场地建设、滑雪装备等硬件设施，还是运动员技战术竞技水平等软件设施上，均与世界冰雪强国有较大差距，直至2015年北京成功申办2022年冬季奥运会和冬季残奥会，才使得国家冰雪运动在国内的发展迈向一个全新阶段。

冬季两项是越野滑雪和射击的结合。它要求运动员身着越野滑雪装备，背负专用的小口径步枪，每滑行一段距离，就要进行一次射击，如果在射击时脱靶，将会被罚时或罚圈。最后以运动员到达终点的用时来决定名次，用时少者名次居前。滑雪与射击，其起源大约可以追溯到远古时代的滑雪狩猎。在挪威，曾发现过一个大约4000年前的两人脚踏雪板、手持棍棒，追捕野兽的石雕；从中世纪开始，滑雪和射击就逐渐被纳入军队训练科目。史载1767年挪威边防军滑雪巡逻队曾举行过一次滑雪射击比赛，这应该就是世界上最早的冬季两项比赛了。1861年，挪威成立世界上第一个滑雪射击俱乐部。1912年，挪威军队又在奥斯陆举行了一场滑雪射击比赛。再后来，滑雪射击逐渐演变成了一项体育运动项目。1924年，冬季两项作为表演项目出现在首届冬奥会上；第二、三、四届冬奥会，冬季两项仍是作为表演项目出现的。直到1960年在美国斯阔谷举行的第8届冬奥会，冬季两项才终于被列为正式比赛项目，但当时只有男子20公里越野滑雪加4次射击这一项目；1968年的第10届冬季奥运会，又增加了4×7.5公里接力＋每名队员都有两次射击（一次立射和一次卧射）的比赛；1980年的第13届冬季奥运会，又增加了10公里越野滑雪加2次射击的比赛。而女子冬季两项，则是从1992年阿尔贝维尔冬奥会才开始的。

综上，冬季两项越野滑雪与越野滑雪唯一的区别就是冬季两项多了一个射击，其他方面是一样的。

二、残疾人冬季两项越野滑雪运动员分级标准

冬季两项与越野滑雪分级规则相同。残疾人越野滑雪分为坐姿、站姿以及视障碍三个类别，运动员在不同的类别中，根据其残疾程度分成不同级别，级别不同的运动员其系数亦不同，伤残级别高的系数小，级别低的则系数大。运动员的最终成绩就是根据他们的比赛时间乘以系数而得，所以运动员的系数对他们的成绩至关重要，而影响运动员系数大小的因素则是级别。可见，运动员的级别对比赛尤为重要，所以为保证比赛尽可能公平、公正和安全，就需要对参赛选手的残疾情况和运动能力进行评价，并根据具体参赛项目的要求将残疾程度或运动能力相近的选手尽可能地分在一起比赛。

（一）坐姿级别（LW10—LW12）

1. LW10（下肢和躯干损伤）

（1）上下腹肌肌力不超过 2 分；

（2）没有上肢支撑，不能坐稳；

（3）技术测试 0—2 分；

（4）S1-5 无感觉。

2. LW10.5（下肢和躯干损伤）

（1）上下腹肌肌力 3 分；

（2）没有上肢支撑，能坐稳，行动需靠底座支持；

（3）技术测试 3—6 分；

（4）S1-5 无感觉。

3. LW11（下肢和躯干损伤）

（1）腹部和躯干伸肌有部分功能；

（2）双侧髋关节屈髋 2 分，运动员不戴辅具不能站立、行走，不需要依靠底座即可移动和坐直；

（3）技术测试 7 — 10 分；

（4）S1-5 有部分感觉。

4. LW11.5（下肢和躯干损伤）

（1）躯干功能接近正常，腹肌和躯干伸肌肌力可达 3 — 4 分；

（2）双侧髋关节有部分功能，不用辅具能站立、行走；

（3）技术测试 11 分；

（4）S1-5 有部分感觉。

5. LW12（下肢损伤）

（1）躯干功能正常，腹肌和躯干伸肌肌力 4 — 5 分；

（2）双侧髋关节有部分功能；

（3）技术测试 12 分；

（4）S1-5 有部分感觉；

（5）双侧髋关节脱位。

（二）站姿级别（LW2 — LW9）

1. LW2（一侧下肢损伤）

（1）一侧通过膝关节的截肢；

（2）髋关节和/或膝关节无活动范围；

（3）一侧下肢肌力小于 16 分（总分 64 分），膝关节屈/伸不得高于 2 分；

（4）短肢畸形，患侧肢体短于健侧股骨长度，分级时需提供 12 月内的 X 光片；

（5）使用两个滑雪板、两个雪杖。

2. LW3（双侧下肢损伤）

（1）双下肢截肢，最低标准为双侧跖骨近端截肢；

（2）双下肢肌力小于 65 分，其中一侧下肢最少损失 5 分，且一个肌群至少损失 3 分；

（3）双下肢痉挛2级，双下肢有不自主运动。

（4）短肢畸形导致前脚掌缺失，分级时需提供12月内的X光片；

（5）双侧膝关节无功能；

（6）使用两个滑雪板、两个雪杖。

3. LW4（一侧下肢损伤）

（1）一侧通过踝关节或踝关节以上截肢及类似的肢体缺失；

（2）双下肢肌力小于70分，其中一侧下肢最少损失10分，且一个肌群至少损失3分；

（3）一侧或双侧下肢有不自主运动；

（4）双下肢长度至少相差7厘米；

（5）使用两个滑雪板、两个雪杖。

4. LW5/7（双上肢损伤，不使用假肢）

（1）双上肢截肢，最低标准为双侧通过掌骨的截肢；

（2）双上肢肌力损伤，手指屈、伸和拇指对指至少减少3分；

（3）双手畸形，不能使用雪杖；

（4）需两个滑雪板，不能使用雪杖，如果运动员能够使用一个雪杖就应在LW6或LW8。不允许使用假肢。

5. LW6（一侧上肢损伤）

（1）一侧通过肘关节或肘关节以上的截肢；

（2）一侧上肢肌力损失，腕关节、肘关节肌群肌力损失大于3分；

（3）短肢畸形，患侧上肢长度短于健侧肱骨长度，分级时需提供12月内的X光片；

（4）使用两个滑雪板、一个雪杖。不允许使用假肢，比赛中运动员整个肢体必须被固定。

6. LW8（一侧上肢损伤）

（1）肘关节以下截肢；

（2）一侧肌力损伤，手指屈、伸和拇指对掌肌力损失大于3分；

（3）短肢畸形，患侧上肢长度长于健侧肱骨长度，分级时需提供12月内的X光片；

（4）肘关节屈/伸不超过5°，患侧肢体支撑时没有力量；

（5）使用两个滑雪板、一个雪杖。不允许使用假肢，运动员也可能仅使用一个雪杖，严禁使用受累侧上肢做支撑或滑行。

7. LW9（复合残疾）

（1）一个上肢和一个下肢的损伤，分别符合LW4或LW8的分级标准；

（2）肢体痉挛2级，共济失调，明显的手足徐动；

（3）使用两个滑雪板、一个雪杖。

（三）注意事项

（1）坐姿级别运动员应至少符合LW4的标准；

（2）运动员第一次参加IPC分级时，可以选择站姿或坐姿；

（3）第一次分级结束后的下一个赛季前，运动员可以申请重新选择坐姿或站姿比赛；

（4）残疾情况发生改变，运动员可以申请重新选择坐姿或站姿；

（5）比赛期间，运动员的腿必须放置在雪橇上；

（6）视力损伤：符合国际盲人体育联合会视力残疾运动员分级最低标准。

三、残疾人冬季两项越野滑雪项目技术动作特征研究

（一）坐姿越野滑雪技术特点

坐姿越野滑雪运动员主要采用同推技术。坐姿滑雪运动员坐在坐式滑雪器上，下肢使用无弹性绑带将大腿固定在座位上，运动员双手持杖，通过反复推撑技术推动身体向前滑行。手部撑杖是坐姿越野滑行动作的重

要组成部分,滑雪板上滑行的速度很大程度上取决于用手撑杖的力量和速度。

滑行时期有两个阶段:第一阶段是最积极主动阶段,在这个阶段要完成有力的双臂撑开动作。双臂撑开的动作必须快速有力,同时需要观察滑雪杖正确的摆放角度,然后完成撑开动作。两臂放松向前摆动,当两手向前摆动的高度超过肩部时,略作暂停休息,接着将两杖落在脚尖略前方,上身呈前屈姿势,然后两臂同时用力向后推撑。随着滑行速度的加快,撑杖的频率也应加快,两杖尽量向前摆动,可将杖尖指向雪板尖部略后处,接着将上体重量放在两板上并用力向后推撑,使体重与臂力合成为向后的推撑力量。第二阶段是相对被动的,此阶段滑雪者以第一阶段的速度前进,滑行持续时间取决于雪的条件、地势起伏和双臂撑开时的蹬动力度。

(二)站姿越野滑雪基本技术特点

站姿越野滑雪基本技术分为两类:传统技术和自由技术。站姿运动员可根据其身体状况采用两个、单个或不使用雪杖进行比赛。全盲或几乎全盲运动员需要佩戴眼罩,由领滑员使用扬声器引导配合完成比赛,低视力运动员,可以选择比赛时是否使用领滑员。传统式滑雪运动技术动作类型如下。

1. 两步交替滑行

两步交替滑行主要用于中高度陡坡的爬升。一个两步交替滑行动作的完整周期由交替的两个滑步和两个撑杖动作组成。该方法是爬升的主要方式之一。对于能力强的越野滑雪者而言,两步交替滑行技术最大的不同点在于步频较快(每秒2步以上),自由滑行、下蹲滑行弓步下蹲的时间较短,手部和腿部蹬地的时间和力度也有所不同。其动作方法如下。

(1)上体前倾,右脚用力向下后方蹬动(最后雪板尾抬起),身体重心落在右脚上,向前滑行,右膝略屈;

(2)左臂尽量向前摆出,使杖尖落在右脚尖一带,左手用力向下后撑，同时左脚向前跟出，身体重心快速移向左脚；

（3）两膝进一步蹲屈，身体重心完全移至左脚上，右脚开始蹬动，手继续前摆，蹬动幅度为70—75厘米。

注意事项：单脚滑行时，应避免由于膝盖弯曲不够而形成身体重心线落后，影响滑进距离。

2. 同时推进滑行

同时推进滑行是在体力充沛时和冲刺滑行时常运用的一种技术方法。其动作方法如下。

（1）两板平行自然放松，身体略向前倾；

（2）两臂放松向前摆动，当两手向前摆动的高度超过肩部时，略作暂停休息，接着将两拳落在脚尖略前方，上身呈前屈姿势，然后两臂同时用力向后推撑；

（3）随着滑行速度的加快，撑杖的频率也应加快，两杖应尽量向前摆动，将杖尖指向雪板尖部略后处，接着将上体重量放在两板上并用力向后推撑，使体重与臂力合成为向后的推撑力量；

（4）两杖向后推撑，手臂通过腿部时，应降至膝关节的高度，以增加推撑力量。

注意事项：在较长的平缓下坡中，运用该技术不但能加快速度，还能使腿部得到短暂休息，对全身也有减轻疲劳的作用；在平地或缓下坡地段，需要做短暂的加速时，也可使用该技术。

3. 两步推进滑行

两步推进滑行是指在两腿各蹬一次后，再进行两杖同时推撑的滑行方法。其动作方法如下。

（1）当两杖推撑完向前摆动时，雪杖要在空中空摆一拍的时间，然后再落地进行推撑；

（2）进行两步滑行的第一步和第二步要承担起全身重量，否则会引起摇晃现象；

（3）为更好地掌握节奏，可在心中数"1、2、3"，当数到"1"和"2"时各滑一步，"3"时推撑；

（4）两脚滑行时吸气，两杖推撑时呼气。

注意事项：在遇到较长的一段平坦地段时，一般可采用该技术滑行；可以通过变换滑行方式，调整体力。

4. 变换雪辙滑行

变换雪辙滑行是指在经过整理的雪道上，一边滑行一边改换到另一条雪辙上的滑行方法，以此来避开滑行前方的障碍。其动作方法如下。

（1）在变换雪辙前，为了保持或加快速度，先进行一次两杖同时推撑；

（2）将身体重心移到右脚上，提起左脚板尖指向左前方，再将重心移至左脚；

（3）当右脚到达右侧雪辙，即时将右板放在雪辙内，并支撑体重，接着将左板也放在左侧雪辙内，两板再共同承担体重；

（4）再用两杖同时推撑一次，加快速度。

注意事项：支杖时，应避免把雪杖支在脚上；换雪杖时，一定要保持身体的平衡。

自由式滑行技术由滑冰动作演变而来，特点是滑行速度快，所以深受滑雪者的喜爱；它包括蹬冰式滑行、交替蹬撑滑行、同时蹬撑滑行、二步四步蹬撑滑行和单蹬同撑滑行等。

蹬冰式滑行。蹬冰式滑行的蹬动与滑行方法与速度滑冰相同，双手持杖，并配合腿部动作撑动。其动作方法如下。

（1）一侧蹬动后，身体重心全部移到滑行支撑腿的板上，上体放松略前倾；

（2）蹬伸腿向侧后方用力蹬伸，同时用蹬板的内刃刻住雪面；

（3）膝部弯曲100°—110°。

注意事项：上肢保持前倾，以提高滑行速度；滑行时要将雪杖夹于腋下。

　　交替蹬撑滑行。交替蹬撑滑行是指在蹬冰或滑行的基础上，把摆动向前的雪杖及时插在滑行脚的前外侧，并于滑行脚同时蹬和撑杖的技术。此法常用于缓坡、平地和下坡，可与传统式技术的二步滑行交替使用。其动作方法如下。

　　（1）身体姿势、腿部动作与蹬冰式滑行技术相同，撑杖与蹬动要同时进行；

　　（2）支杖时，用大臂带动小臂撑地，向前滑行。

　　注意事项：滑行时手脚交替要协调；滑行时目视前方，避免低头。

　　同时蹬撑滑行。同时蹬撑滑行是每蹬动一次，两杖都进行一次同推撑的滑行方法，常在加速、冲刺或超越对方时使用。其动作方法如下。

　　（1）运用两臂的绝对力量撑地；

　　（2）然后双臂用力地向前滑行；

　　（3）蹬地时，身体前倾以便发力。

　　注意事项：双臂撑杖与腿的蹬动不要偏向一侧；两臂撑杖和蹬腿动作要充分伸展，节奏不要太快。

　　二步四步蹬撑滑行。二步四步蹬撑滑行是指两腿进行一次蹬动后，两臂再同时进行一次推撑的滑行方法，常在较平坦的地段使用，可节省体力并能保持速度。其动作方法如下。

　　（1）两腿蹬动技术与蹬冰式技术相同；

　　（2）两臂向前摆杖时，上体直起，两臂弯曲，两手摆至头上高度后，再向下落杖；

　　（3）落杖时上体随之下压，两手应通过膝部高度，向后推撑。

　　注意事项：脚步换步滑行时要协调；雪杖撑地时要充分用力。

　　单蹬同撑滑行。单蹬同撑滑行是指在弯道滑行或线路需要时用一侧脚连续蹬动、两杖同时撑动的滑行方法，此法常在线路较窄或弯道转变时使用。其动作方法如下。

（1）两脚平行，脚尖向前，两大臂用力撑地；

（2）左蹬地，右脚向斜前方滑步；

（3）两脚交替依次进行。

注意事项：蹬腿和撑杖后，身体重心一定要落在滑行板上；两撑杖用力要保持均衡。

（三）其他技术特征

1.上坡方法

在滑雪比赛中，共有5种上坡方法：滑步、滑跑、"人字形"或"半人字形"、踏步、阶梯式。

上坡方式的选择取决于滑雪者的力量水平、速度、能力水平以及滑雪板质量。现代滑雪比赛不仅对滑雪者的身体素质提出了更高的要求，而且对滑雪者所掌握的在不同条件下如何上坡的技术水平有了更高的要求。滑步式上坡是交替双步式步法的组成部分。只有在14°以内的雪地上且有足够的抓地力，才可以采用该方法上坡。滑跑法对运动员的能力要求很高，这一方法的结构和交替双步式的结构很像。在最强比赛者的滑跑上坡中会出现"飞行阶段"，就像正常跑步比赛中频率分钟可达130步一样。最高频率的滑跑动作完全可以避免在滑板上滑动，此时躯体必须保持直立姿势，滑雪杆应与中脚水平放置，中脚要有自上而下的冲击力。滑跑工作中，有一点很重要，就是要趁着另一条腿蹬地时，将摆动腿往前带。摆动腿的时候，身体的负重要晚很多，所以不宜提前伸脚，因为这样会减慢运动速度，阻碍翻转的完成。人字形上坡适用于非常陡峭的上升路段，即无法采用滑步和滑跑式的时候。为完成这一动作，滑雪者要把滑雪杖向两侧拉伸，以踏步或跑动的方式进行，将松动的滑雪板移到支撑点上。随着滑道的陡度增加，滑雪板张开的角度也会增大，滑雪杖也会被放置在滑雪板后面。半人字形方法是在上坡及斜坡时使用。为此，将一个滑雪板（在翻越斜坡时用下层滑雪板）放在腿上，另一个滑雪板继续向运动方向直线滑行。滑雪杖的放置方式和滑步法中放置方式类似。当滑雪板在雪地上的抓地力较弱时,可采用踏步式上坡法。为提高运动速度,踏步上坡法以跑步的形式,短步速、高速移动来完成。阶梯式上坡法是在相当陡峭的山路上沿着上坡的木棍向上移动,先将上层滑雪杖上移,再将上滑雪板上移,随后是下层滑雪杖,最后是下层滑雪板。

2. 通过斜坡方法

滑雪坡根据方向的不同分为直坡和斜坡,下坡时滑雪者应保持姿势稳定。主要有三种姿势:基本姿势、高位姿势、低位姿势。

练习时,不同水平的滑雪者最常使用的是基本姿势,因为基本姿势最能保证在坡道上的稳定性,且不烦琐,便于通过陡峭的弯道。由于使用该姿势下坡时风阻强度高,故而该方法不适于在比赛中使用。保持该姿势的滑雪者双腿膝盖关节应微微弯曲,躯干略向前倾,双臂下垂,滑雪杖平行于坡面握在手中。为保证过弯时的稳定性,应将对侧腿向前伸长10—15厘米,身体重心转移到对侧滑雪板上。滑雪者运用高位姿势来增加空气阻力以制动,降低下坡速度。为了更多地减缓下坡速度,滑雪者有时会持滑雪杖将双手向两边摊开。在平坦可见的斜坡上采用低位姿势(又称为"空气动力姿势")可提高速度。为保持低位姿势,需将双腿尽量弯曲在膝关节处,躯干向前弯曲,将前臂放在膝关节上向前移动。采取该种姿势时,正面的空气阻力会减少。

3. 通过不规则路段的方法

下坡时会遇到多种不规则路段,如凸起、反坡、凹陷等。此时,滑雪者应当自信应对出现的障碍物。在通过不规则路段时,滑雪者应当学会将身体的重心从一条腿转移到另一条腿上,学会通过减缓腿部移动和调整身体位置来改变下坡姿势。通过凸起处时,滑雪者应保持较高的姿势,随后在接近凸起顶峰时下蹲。通过顶峰后再直起身。在凹陷或坑洼处时,滑雪者应按照相反的顺序完成所有动作,即先保持低位姿势,在最低点时腿和躯体伸直,通过凹陷或坑洼处后再次下蹲。对滑道上覆盖有垫子的部分和小部分的不规则处,可以通过减缓腿部移动来克服。

4.行进中的转向方法

为了改变行进方向,在下坡时可采用不同的转向方式。用内侧滑雪板转弯是滑雪者经常使用的方法,因为它可以通过移动滑雪板外侧(相对于转弯力向一侧)单腿蹬地来提高运动速度。在教授自由式步法时为掌控滑动可采取踏步式转弯。下坡时,滑雪者将身体的重量转移到外侧的滑板上,用脚尖向转弯处推开内侧滑板。踏步是从外侧滑雪板发力向内侧向前推。转弯开始时,滑雪者将身体的重量转移到内侧的转弯滑雪板上。在这种情况下,滑雪者应将外侧滑雪板举过雪面,将滑雪板的后方向外侧移动,然后将该雪板放在雪地上,迅速将内侧滑雪板移到转弯处,并将身体的重量转移到这块滑雪板上。踏步数取决于转弯弯度。

5."刹车"方法

在缓坡时采用犁式制动,即滑雪者将滑雪板尾部分开,挪动滑雪杖将膝盖并拢。在陡坡上高速滑动时不建议使用犁式制动。在下坡或平地上的滑行时,为减缓滑行速度可采用"停式"制动,方法如下:将全部身体重量转移到一个滑雪板上,将另一个滑雪板与行驶方向保持一定的角度,尾部朝外向内侧边缘。侧滑制动的方法也可以降低运行速度,改变方向或停止运动。这一方法在高速行驶时或是在陡坡上使用。"刹车"时,滑雪者将身体的总重心移动到支撑点的后边缘,将两块滑雪板放在边缘,同时迅速进行躯干旋转。这些动作完成后,滑雪板会与运动方向成一定的角度并滑落。跌落制动法在紧急下坡时(如突遇障碍物)使用。最安全的方法是倒在一边。为了防止受伤,应蹲下并迅速将滑雪板横在坡上,握住滑雪杖杖头向前。杆式制动也可以减缓下坡时的速度,该方法要求滑雪者应当握住滑雪杖,杖头向前,并用力将其压向雪地。降速速度取决于滑雪杖按向雪地的力度。

四、残疾人冬季两项越野滑雪项目体能训练的特点

越野滑雪需要运用双杖推撑技术，通过上肢和下肢的协调配合来获得前进动力。而坐式越野滑雪运动员由于身体的特殊性，基本上是靠上肢力量双杖推撑。因此，力量素质对于坐式越野滑雪运动员十分重要，尤其是运动员上肢的力量素质。运动员具备良好的力量素质有助于使用新的和不同的技术方法，提高他们的运动表现，同时还可以预防伤病。拥有高水准的力量素质，可使运动员在限定的距离内战胜不同阻力，更好地发挥自己的技战术水准[①]。

站姿越野滑雪项目的比赛场地一般选择在山地上，赛道长度是每圈2.5公里，分为1/3的上坡、1/3的平道和1/3的下坡，运动员通过滑行相应圈数完成规定距离。平道常见于比赛出发阶段和冲刺阶段。运动员为了抢占有利赛道，不与其他比赛运动员发生碰撞，一般采用"一步一撑"技术，通过上下肢协调配合，运用爆发力产生快速向前的推动力。此时运动员的瞬间性动作多、负荷强度高，所以只能够维持大约30秒的时间。

上坡地段往往是运动员备感吃力的一段赛道结构，运动员不仅要克服自身重力、雪板与雪的摩擦力、身体滑行时的空气阻力等，更要保证爬坡时的步幅、步频以及节奏，因为上坡过程中力量耐力差的运动员极易被反超。上坡阶段，距离长、速度慢、能耗大，运动员呼吸频率加快，吸入的氧气参与上下肢肌肉的供能，保证运动员肌肉有足够的能量持续爬坡，所以上坡阶段以有氧系统供能为主。下坡阶段为减小风阻，运动员会弯腰收杖、屈膝屈髋，在拐弯处为避免冲速过快，滑出赛道，还会选择点杖。这虽然保证了身体平衡，但速度会明显减慢。

综上所述，残疾人越野滑雪的比赛时间长，但高强度的出发和冲刺占整个比赛时间的比例较小，这两个特点决定了残疾人越野滑雪大部分时间

---

① 关惠明.谈越野滑雪运动员的专项力量耐力训练[J].冰雪运动，1997（2）：38-39.

主要依靠有氧代谢方式供能。要保证长时间比赛的能量供应，延迟疲劳的出现，减轻疲劳程度，就必须提高机体的有氧工作能力。因此，在残疾人越野滑雪比赛中，运动员的供能是以有氧供能为基础，以磷酸原供能和糖酵解供能为突出表现的一种混合供能形式。

第三章　残疾人冬季两项越野滑雪运动员的筛查与评估

导语：对运动员来说，伤病不仅困扰正常训练，同时制约运动成绩的提高。身体运动功能训练强调"无评估，不训练"，只有通过评估后才能得知运动员个人具体情况，才能制定出合理的训练计划，进而通过适宜的训练预防运动伤病的产生。本章重点介绍了残疾人冬季两项越野滑雪运动员的功能动作筛查、选择性功能动作筛查和专项身体素质测试情况，并进行了分析。

第一节　功能动作筛查与分析

一、坐姿运动员筛查结果与分析

坐姿运动员残疾类型基本表现为下肢的残疾，上肢与健全人基本没有差别。为更好地检测运动员上肢及躯干支柱的薄弱点，本研究选取的运动功能性测试有：FMS测试中的肩关节灵活性测试，以及选择性功能性SFMA（包括颈部动作屈曲、伸展、旋转，上肢动作测试一、二，以及坐姿胸椎灵活性测试)。选取10名运动员进行测试,测试结果见表3-1。

表3-1 坐姿运动员功能性动作筛查结果

姓名编号	性别	运动分级	肩关节灵活性	胸椎灵活度测试	颈部屈曲	颈部伸展	颈部旋转 左	颈部旋转 右	上肢(肩胛下角) 左	上肢(肩胛下角) 右	上肢(肩胛上角) 左	上肢(肩胛上角) 右
1	男	LW11.5	2分	FN	FN	FP	FN	FN	FN	FP	DN	FP
2	男	LW12	左侧疼痛	FN	FP	FP	FN	FN	DP	FN	FN	FN
3	男	LW12	2分	胸椎灵活度较差	DN	DN	FN	FN	FN	DN	DN	DN
4	男	LW12	1分	FN	FN	FN	DP	DN	FN	FN	FN	FN
5	男	LW12	2分	胸椎灵活度较差;脊柱侧弯	FP	FN	FN	FN	FN	FN	DP	FN
6	女	LW12	2分	FN	FN	FN	FN	FN	DN	DN	FN	FN
7	女	LW12	2分	胸椎灵活度较差	FN	FN	FP	FP	FN	DP	FN	DP
8	女	LW12	2分	FN	FN	FN	FP	FN	FN	FN	FP	FN
9	女	LW12	2分	FN	FN	FN	FN	FN	FN	FN	FN	FN
10	女	LW12	2分	胸椎灵活度较差;脊柱侧弯	FN	FN	FN	FN	FN	FN	FP	DN	DN

肩关节灵活性测试的目的主要是诊断运动员肩关节旋内、旋外、内收、外展的灵活程度。冬季两项坐姿运动员的动作模式是利用上肢做快速撑杖的动作，肩关节灵活度不足会直接影响运动员撑杖的活动范围，当运动员撑杖抬臂的角度较小时，会缩短运动员撑杖的距离，因此肩关节的灵活性对运动员有着至关重要的作用。

测试数据反映出坐姿越野滑雪运动员肩关节灵活性普遍较差，而导致运动员肩关节灵活性较差的主要原因是运动员长期的上肢力量练习导致肱二头肌和肱三头肌的肌肉肥大。此外，肩袖肌群的冈上肌、冈下肌、小圆肌以及肩胛下肌力量发展不平衡和长期的较高使用频率等都是导致肩关节功能性障碍的原因所在。

选择性功能动作测试有10项，包括颈部屈曲动作、颈部伸展动作、颈部旋转动作、上肢动作测试一、上肢动作测试二、多环节屈曲、多环节伸展、多环节转动、单腿站立以及双臂上举。由于坐姿越野滑雪运动员均有下肢残疾损伤，所以根据运动员的特点选择部分上述项目进行诊断测试，如颈部屈曲动作、颈部伸展动作、颈部旋转动作、上肢动作测试一、上肢动作测试二以及胸椎灵活性测试。依据Gray Cook评估理论，在测试过程中将每种动作的测试结果记为：功能正常 — 无疼痛（FN）；功能正常 — 疼痛（FP）；功能障碍 — 无疼痛（DN）；功能障碍 — 疼痛（DP）。

通过颈部屈曲测试，发现个别运动员存在颈部屈伸疼痛现象，下颌能触碰到胸骨，但出现了疼痛现象。大部分运动员颈部功能正常且无痛，说明其颈部肌肉韧带组织延展性较好，较少存在关节灵活性差、动作姿态不良的问题。颈部屈伸疼痛现象应引起重视，该结果的出现主要是因长期的专项训练模式而致，运动员上肢不断地滑动，引起肩胛提肌、胸锁乳突肌、斜方肌等肌肉紧张，以及训练后对颈部肌肉群放松不足等，从而最终导致的颈部功能性障碍。

在上肢动作内旋和外旋测试中，个别运动员出现功能障碍疼痛现象，表现为双手均不能触碰对侧肩胛骨下角，这主要是由于肩关节肌肉块硕大，柔韧性差，存在较大的运动损伤风险。

胸椎灵活性测试针对残疾人运动员的特殊性和残疾类型，采用坐姿体态进行测试。通过测试的数据可以看出，运动员整体胸椎灵活性较差，部分运动员还存在脊柱侧弯现象，因此应引起重视。胸椎灵活性较差会影响呼吸时的胸廓起伏运动，甚至可能会导致异常的呼吸模式，或者导致有效通气量的下降。有研究认为坐姿越野滑雪运动员应通过加强腹式呼吸练习来增强肺的通气量。

二、站姿运动员筛查结果与分析

测试选取9名运动员，测试结果见表3-2。

表3-2 站姿运动员功能性动作筛查结果

姓名编号	性别	运动分级	颈部测试一	颈部测试二	颈部测试三	单腿站立	过顶深蹲
1	男	LW8	达标	达标	达标	左右单腿闭眼平衡能力较弱	正常
2	男	LW8	达标	达标	达标	闭眼无法站立10秒	正常
3	男	LW8	达标	达标	达标	闭眼无法站立10秒	正常
4	男	LW5—7	达标	达标	达标	闭眼无法站立10秒	膝关节内翻
5	女	LW8	达标	达标	达标	达标	塌腰
6	男	LW6	达标	达标	达标	闭眼无法站立10秒	膝关节内翻
7	男	LW8	达标	达标	达标	达标	正常
8	男	LW6	达标	达标	达标	达标	塌腰
9	男	LW8	达标	达标	达标	闭眼无法站立10秒	正常

从对站姿运动员进行的身体功能动作筛查结果可以看出，运动员颈部测试都达标，说明站姿运动员整体颈部肌肉韧带组织延展性较好，较少地存在关节灵活性差、动作姿态不良的问题。这与运动员日常训练中的拉伸放松紧密相关。

根据运动员不同的运动分级及伤残情况，只对其部分进行肩关节灵活性筛查。结果显示，运动员存在肩关节灵活性差、关节活动度受限的情况。主要原因是，部分站姿运动员只有一只胳膊是健全的，长期对单侧肩关节施加的力量太大和日常的上肢力量训练使其单侧肱二头肌和肱三头肌的肌肉肥大。另外，单侧胳膊健全的运动员在进行滑雪专项训练时采用单手持杖，长期的较高使用频率及对相关肌群训练后缺乏拉伸放松也是导致肩关节功能性障碍的原因所在。

单腿站立测试中，运动员普遍存在闭眼单腿站立姿势无法保持10秒的情况。出现单腿站立困难、平衡性比较差的主要原因是运动本体感觉差，下肢力量训练不足，因此运动员在训练中应加强相应的平衡能力训练和下肢力量训练。

过顶深蹲动作可以用来测试下肢关节的对称性、躯干的稳定性。测试过程中运动员出现塌腰或上体前倾，说明其肩关节屈曲和外展的能力差，胸椎、腰椎稳定性较差。出现最多的是运动员在测试中膝关节内移的现象，这种不正确的动作可能由以下三个方面引起。第一，大腿内收肌肉相对较紧张；第二，大腿外展肌群力量不足；第三，臀部肌肉力量不足。对此，可在测试时先让受试者进行适当的拉伸以消除肌肉的紧张性，在平常的训练中可增加一些力量训练来弥补肌肉力量的不足。

三、视障运动员筛查结果与分析

选取5名运动员进行测试，测试结果见表3-3。

表3-3 视障运动员功能性动作筛查结果

姓名编号	性别	运动分级	深蹲测试	跨栏架测试	前后分腿蹲测试	肩关节灵活性	直腿上抬测试	躯干稳定性俯卧撑	旋转稳定性
1	男	B2	2分	右脚碰到拦绳（1分）	3分	2分	2分	3分	左手臂失去平衡（1分）
2	男	B2	3分	2分	2分	3分	2分	3分	2分
3	男	B2	2分	左脚碰到拦绳（1分）	2分	3分	左腿起未能超过对侧膝关节（1分）	3分	2分
4	女	B2	2分	2分	3分	3分	2分	3分	左手臂失去平衡（1分）
5	女	B2	2分	3分	3分	3分	2分	3分	左手臂失去平衡（1分）
平均值			2.2分	1.8分	2.6分	2.8分	1.8分	3分	1.4分

FMS测试共7项，总计21分，14分为及格线，16分为较高水平与中等水平的分界线。在对视障运动员的测试中，5名运动员测试成绩均等于或高于14分，其中躯干稳定性俯卧撑测试均为满分，说明运动员矢状面稳定性和肩关节力量较好。深蹲测试、前后分腿蹲测试和肩关节灵活性测试得分均值分别为2.2分、2.6分和2.8分。平均成绩较高，说明运动员肩、髋、膝、踝关节有较好的灵活性，下肢力量较强，身体两侧对称性较好。跨栏架测试中，运动员的平均得分为1.8分，得分成绩较低的原因主要是运动员单侧膝、踝关节稳定性能力一般，髋关节灵活性较差等。在直腿上抬测试中，运动员平均得分较低，原因主要是运动员单侧股后肌群柔韧性较差，前侧主动收缩能力以及骨盆稳定较差导致仰卧直腿上举范围受限。

旋转稳定性测试主要检测运动员上下肢协同配合的能力及肩带和关节、核心、骨盆稳定性，测试中运动员均出现单侧旋转稳定性较差的现象。

第二节 专项体能测试与分析

一、坐姿运动员专项体能测试结果与分析

选取9位坐姿运动员进行专项体能测试，测试结果见表3-4。

表3-4 坐姿运动员专项体能测试结果

姓名编号	性别	运动分级	卧推/千克	1分钟引体向上/个	1分钟双杠臂屈伸/个	30秒坐姿头上对墙抛药球/个	30秒模拟机快速下拉/个	腹肌/秒	背肌/秒
1	男	LW11.5	90	33	80	33	26	60	59
2	男	LW12	90	26	55	30	25	61	75
3	男	LW12	95	28	53	35	24	63	66
4	男	LW12	85	33	60	35	26	55	58
5	男	LW12	70	25	57	29	23	59	53
平均值			86	29	61	32.4	24.8	59.6	62.2
6	女	LW12	40	5	20	12	20	38	37
7	女	LW11	50	11	25	20	20	36	40
8	女	LW12	42.5	12	30	23	21	39	42

续表

姓名编号	性别	运动分级	卧推/千克	1分钟引体向上/个	1分钟双杠臂屈伸/个	30秒坐姿头上对墙抛药球/个	30秒模拟机快速下拉/个	腹肌/秒	背肌/秒
9	女	LW12	52.5	14	37	21	22	40	34
平均值			46.25	10.5	28	19	20.75	38.25	38.25

从测试结果可以看出，在卧推最大力量测试中，男运动员平均值为86千克，整体水平较高，个别运动员测试值与平均值存在较大差距，所以后期应加强该身体素质的训练。女运动员卧推最大力量均值较男运动员该值存在较大差距，但是女运动员整体水平比较均匀，当然需要整体加强。在1分钟引体向上耐力素质测试中，男运动的平均次数为29个，运动员之间差距不大，整体水平较高。女运动员这项测试的均值为10.5个，整体水平较差。在1分钟双杠臂屈伸测试中，男运动员的平均成绩为61个/分钟，女运动员平均成绩为28个/分钟。整体来看，坐姿运动员有较强的上肢力量耐力水平，这与坐姿运动员的专项需求与技术动作有较大的相关性，但女运动员相较于男运动员上肢力量较弱，在后期应该设计针对性的训练方法予以提高。在30秒坐姿头上对墙抛药球和30秒模拟机快速下拉测试中，男女运动员都表现出较强的上肢爆发力，说明运动员日常在这方面的训练取得了较好的训练效果。在腹背肌耐力测试中，男运动员背肌耐力整体水平略高于腹肌耐力水平，女运动员均值相同但整体水平都比较差，后期应强化训练腹背肌耐力，提高腹背肌肌力，这对提高运动员专项成绩具有重要意义。

二、站姿运动员专项体能测试结果与分析

选取10位站姿运动员进行专项体能测试，测试结果见表3-5。

表3-5 站姿运动员专项体能测试结果

姓名编号	性别	分级级别	深蹲/千克	原地单臂羽毛球掷远/米	坐位体前屈/厘米	单腿下蹲/秒 左	单腿下蹲/秒 右	30秒拉滑雪机（瓦/秒）	60秒仰卧起坐/个	60秒俯卧背起/个
1	男	LW8	140	7.58	22	189	198	186	36	94
2	男	LW5-7	140	–	–	153	136	–	94	134
3	男	LW8	130	7.20	18	52	135	143	69	147
4	男	LW5-7	125	8.17	–	49	182	199	51	136
5	男	LW8	120	6.67	9	146	148	155	59	130
6	男	LW5-7	115	–	–	89	60	–	39	135
7	男	LW5-7	135	6.27	16	116	164	138	129	67
8	女	LW8	105	6.11	13	69	59	134	69	132
9	女	LW5-7	90	6.45	14	138	164	110	39	124
10	女	LW8	110	6.14	11	43	58	123	71	115

表3-5显示，在反映运动员上肢爆发力的原地单臂羽毛球掷远测试中，4号男运动员的成绩为8.17米，是掷得最远的运动员，8号女运动员为6.11米，成绩为最近；30秒单臂拉滑雪机测试，4号运动员达到199瓦/秒，而9号运动员则较低，刚达到110瓦/秒。因此在后期训练中应加强上肢爆发力训练。核心力量测试主要采用60秒仰卧起坐、60秒俯卧背起的方法分别检测运动员的腹肌、背肌肌力，通过数据可以看出，运动员背肌耐力水平总体优于腹肌耐力水平，腹肌耐力成绩最好者为7号男运动员，成绩最差者为1号男运动员。这组数据反映出绝大多数站姿运动员腹肌肌

力较差，在后期应进行针对性的训练。背肌肌力成绩总体较好，但个别运动员仍需加强训练。在反映运动员下肢最大力量的深蹲测试中，男运动员的深蹲最大力量优于女运动员，整体水平较高。女运动员深蹲最大力量是110千克，较差的是90千克，因此在今后的训练中应进行有针对性的训练，因为下肢力量水平直接影响运动员的专项能力。

在反映运动员柔韧性素质的坐位体前屈测试中，最高成绩与最低成绩存在较大差距，因此在今后的训练中应加强训练后的拉伸放松训练，以强化柔韧素质。

三、视障运动员专项体能测试结果与分析

选取5位视障运动员进行专项体能测试，测试结果见表3-6。

表3-6 视障运动员专项体能测试结果

姓名编号	性别	分级级别	深蹲/千克	原地单臂羽毛球掷远/米	坐位体前屈/厘米	单腿下蹲/秒 左	单腿下蹲/秒 右	30秒拉滑雪机(瓦/秒)	60秒仰卧起坐/个	60秒俯卧背起/个
1	男	B2	130	8.08	17	189	198	207	85	89
2	男	B2	130	8.10	25	153	136	214	90	112
3	男	B2	135	7.86	18	52	135	198	82	127
4	女	B2	110	6.24	28	37	56	133	55	106
5	女	B2	100	5.50	28	35	44	169	66	132

从对视障运动员进行的身体素质专项测试可以看出，在反映运动员下肢最大力量的深蹲测试中，男运动员水平高于女运动员。个体与个体之间单腿下蹲的成绩有较大区别，1号男运动员左右腿的成绩均突破3分钟以

上，而5号女运动员左腿只有35秒，右腿坚持了44秒，女运动员单腿下蹲成绩较差。在反映运动员上肢爆发力的原地单臂羽毛球掷远和30秒拉滑雪机测试中，男运动员原地羽毛球掷远最高成绩为8.10米，彼此之间相差不大，而女运动员最远为6.24米，最近为5.50米，彼此之间还是具有一定差距。30秒拉滑雪机测试中，取得的最高成绩是214瓦/秒，成绩较差的是133瓦/秒，最高成绩和最低成绩之间存在较大差距，因此在今后训练中应加强上肢爆发力训练，提高运动员上肢力量水平。在反映核心力量的腹背肌耐力测试中，运动员背肌耐力优于腹肌耐力，60秒仰卧起坐最多可以做90个，俯卧背起最多127个，腹肌耐力水平比背肌耐力水平差，因此运动员应采用不同的训练方法全面发展腹肌力量水平。

第四章　残疾人冬季两项越野滑雪运动员专项体能训练

导语：本章重点介绍了残疾人冬季两项越野滑雪运动员专项体能训练的方法手段。

残疾人越野滑雪是一项开展广泛的残疾人冬季运动。鉴于残疾运动员在身体机能、运动能力等方面存在肌肉力量不足、身体协调性差、平衡感缺失等诸多限制，专项体能训练就变得尤为重要。本章分别对坐姿、站姿、视障运动员制定了不同的上肢、下肢和躯干的力量训练以及动作模式的训练方法以提高其身体耐力，使其能承受训练和比赛中的持续高强度运动，并保持良好的心理状态，增强体质和意志。

第一节　坐姿运动员专项体能训练

根据坐姿运动员的伤残情况，选择合适的专项训练手段进行训练。坐姿分为LW10、LW10.5、LW11、LW12四个级别。

一、上肢推动作模式

1.卧推杠铃

练习目标：

主要发展胸大肌、肱三头肌和三角肌前束等。

练习方法：

平躺在椅上，双手正握杠铃置于胸部正上方，握距微比肩宽，手臂伸直。手臂张开，竖直放下杠铃至胸部上方，快速推起杠铃。回到起始姿势，重复规定次数。见图4-1和图4-2（本章及之后各章图片均由作者拍摄提供）。

动作要领：

肩部、背部和头部时刻贴紧椅面；动作过程中，控制双手速度，保持杠铃稳定。

练习规格：

每组练习10次，练习2—3组，每组间休息30秒。

图4-1　　　　　　　　　　图4-2

2.仰卧飞鸟推哑铃

练习目标：

主要发展胸大肌和三角肌前束。

练习方法：

仰躺于椅上，上、中背部紧贴椅面，挺髋同时屈膝成90°夹角，使躯干与大腿呈一条直线；双手正握哑铃置于胸部正上方，距离与肩同宽，手臂伸直。张开双臂，放下哑铃至体侧胸部高度；手臂内收，回到起始姿势，重复规定次数。见图4-3和图4-4。

动作要领：

保持臀部和腹部收紧，身体不要晃动；保持双脚一直贴紧地面，背部挺直贴在椅上；动作过程中，控制双手速度，保持哑铃稳定。

练习规格：

每组练习10次，练习2—3组，每组间休息30秒。

图 4-3 　　　　　　　　图 4-4

3.俯卧撑

练习目标：

主要发展胸大肌、三角肌前束和肱三头肌等。

练习方法：

俯撑姿势，双手撑地，双手距离微比肩宽，手臂伸直。身体从头到踝呈一条直线。屈肘，身体下沉至胸部几乎碰到地面时，快速推起身体。回到起始姿势，重复规定次数。见图4-5和图4-6。

动作要领：

保持挺胸直背，身体不要晃动；腹部收紧，不要塌腰或翘起臀部。

练习规格：

每组练习10次，练习2—3组，每组间休息30秒。

图4-5　　　　　　　　　　图4-6

4.坐姿过头臂屈伸

练习目标：

主要发展肱三头肌、三角肌等。

练习方法：

坐在训练凳上，双脚与肩同宽。用两手握住一杠铃片，双手持杠铃片在头顶上方，手肘弯曲，上臂靠近头部；保持上臂位置固定，将下臂向上推，直至手完全伸直。尽量感受三头肌的收缩；慢慢地将下臂放回到起始位置，感受三头肌的拉伸；缓慢吸气屈肘向下，呼气，伸直手臂向上。见图4-7和图4-8。

动作要领：

练习过程中保持大臂不动，身体保持稳定，同时肘向内夹。

练习规格：

每组练习10次,练习2—3组,每组间休息30秒。

图 4-7

图 4-8

5.上斜卧推杠铃

练习目标:

主要发展胸部以及上肢肌肉力量。

练习方法:

手肘张开,竖直放下杠铃至肩部上方(肘关节成90°夹角),快速推起杠铃回到起始姿势。重复规定次数。见图4-9和图4-10。

动作要领:

全脚掌着地,肩部、背部和头部时刻贴紧椅面;动作过程中,控制双手速度,保持杠铃稳定。

练习规格:

每组练习10次,练习2—3组,每组休息30秒。

图 4-9 　　　　　　　　　　　图 4-10

6. 坐姿过顶推举杠铃

练习目标：

主要发展三角肌前束和肱三头肌等。

练习方法：

挺胸直背坐在椅上，双手正握杠铃置于头顶，握距微比肩宽，手臂伸直。肩胛骨内收，竖直放下杠铃至体前肩部高度。快速推起杠铃，回到起始姿势，重复规定次数。见图4-11和图4-12。

动作要领：

保持挺胸直背，腹部收紧，身体不要晃动。

练习规格：

每组练习10次，练习2—3组，每组间休息30秒。

图 4-11 　　　　　　　　　　　图 4-12

7. 上斜肱三头肌伸展推杠铃

练习目标：

主要发展肱三头肌和大圆肌等。

练习方法：

将卧推椅倾斜角度调节至30°左右，仰卧在椅上。双手正握杠铃置于肩部正上方，握距与肩同宽，手臂与地面垂直。保持上臂不动，屈肘将杠铃下降至头后，肘关节成90°夹角的位置。伸直手臂，回到起始姿势，重复规定次数。见图4-13和图4-14。

动作要领：全脚掌着地，肩部、背部和头部时刻贴紧椅面；保持背部贴紧椅面，双脚一直贴紧地面。

练习规格：

每组练习10次，练习2—3组，每组间休息30秒。

图4-13 　　　　　　　　　　图4-14

8. 仰卧肱三头肌伸展推杠铃

练习目标：

主要发展肱三头肌、背阔肌和大圆肌等。

练习方法：

仰卧平躺在椅上，双手正握杠铃置于头部上方，握距微比肩宽，手臂与躯干约成135°夹角。保持上臂不动，屈肘将杠铃下降至头顶位置。伸直手臂，回到起始姿势，重复规定次数。见图4-15和图4-16。

动作要领：

全脚掌着地，肩部、背部和头部时刻贴紧椅面；保持背部贴紧椅面，双脚一直贴紧地面。

练习规格：

每组练习10次，练习2—3组，每组间休息30秒。

图4-15　　　　　　　　　　图4-16

二、上肢拉动作模式

1. 引体向上（反/正握；宽距/窄距）

练习目标：

主要发展背部以及上肢肌肉力量。

练习方法：

双手正握把手，距离约为肩宽1.5倍，手臂伸直，身体自然下垂。保持身体和下肢不动，肩胛骨下回旋，屈肘将胸部拉向把手。回到起始姿势，重复规定次数。见图4-17至图4-20。

动作要领：

保持挺胸直背，腹部收紧，身体不要晃动；肩胛骨内收，带动手臂下拉完成动作；身体下降时，手臂尽量伸直。

练习规格：

每组8—12次，练习2—3组，每组间休息30秒。

图 4-17

图 4-18

图 4-19

图 4-20

2. 坐姿肱二头肌弯举哑铃

练习目标：

主要发展上肢肌肉力量。

练习方法：

双手反握杠铃/哑铃，握距与肩同宽，手臂自然垂于体前。上臂不动，屈肘举起杠铃尽可能靠近肩部。回到起始姿势，重复规定次数。见图4-21和图4-22。

动作要领：

保持挺胸直背，腹部收紧，身体不要晃动；弯举过程中，肘部固定且贴近身体。

练习规格：

每组8—12次，练习3—6组，每组间休息30秒。

图4-21 　　　　　　　　　图4-22

3.上斜肱二头肌弯举哑铃

练习目标：

主要发展上肢肌肉力量。

练习方法：

将卧推椅倾斜角度调至45°上斜，然后仰躺在椅上，双手直握哑铃，手臂自然垂于体侧。上臂不动，屈肘举起哑铃尽可能靠近肩部。回到起始姿势，重复规定次数。见图4-23和图4-24。

动作要领：

保持挺胸直背，腹部收紧，身体不要晃动；保持背部贴紧椅面，双脚一直贴紧地面；弯举过程中，肘部固定且贴近身体。

练习规格：

每组8—12次，练习3—6组，每组间休息30秒。

图 4-23 　　　　　　　　　　　　图 4-24

4. 悬吊带斜身引体

练习目标：

训练上肢肌肉力量。

练习方法：

双手握把手，拳心相对，手臂伸直置于胸部正前方，保持躯干稳定，双腿伸直，身体从头到脚呈一条直线，向后倾斜适当角度，保证悬吊带斜挂绷直。保持身体和下肢不动，屈肘将胸部拉向把手。回到起始姿势，重复规定次数。见图4-25和图4-26。

动作要领：保持挺胸直背，腹部收紧，身体不要晃动；引体过程中，保持上臂固定。

练习规格：

每组8—12次，练习3—6组，每组间休息30秒。

图 4-25 　　　　　　　　　　　　图 4-26

5.坐姿肱三头肌下拉

练习目标:

训练上肢肌肉力量，主要加强肱三头肌力量。

练习方法:

双手与肩同宽正握直杆，杠放在胸前，肘部大约弯曲90°，上臂绷紧，将杠向下推直到肘部绷紧。稍作停留，还原到起始位置，重复规定次数。见图4-27和图4-28。

动作要领:

训练过程中应始终保持上臂紧贴身体，动作应通过肘部联动完成。

练习规格:

每组8—12次，练习3—6组，每组间休息30秒。

图4-27　　　　　　　　图4-28

6.仰卧直臂下拉杠铃

练习目标:

主要发展背阔肌和大圆肌。

练习方法:

双手正握杠铃，握距微比肩宽，双臂伸直，仰卧于卧推椅上，将杠铃置于额头正上方，保持手肘角度不变，双臂向下将杠铃降至头顶位置。举起杠铃，回到起始姿势，重复规定次数。见图4-29和图4-30。

动作要领：

保持挺胸直背，腹部收紧，背部贴紧椅面。

练习规格：

每组8—12次，练习3—6组，每组间休息30秒。

图 4-29 　　　　　　　　　　图 4-30

7. 坐姿侧平举哑铃

练习目标：

主要发展斜方肌上束和三角肌中束。

练习方法：

坐于椅上，身体稍向前倾或身体保持直立，保持背部平直，双手直握哑铃，手臂自然垂于体侧。保持手肘微屈，手臂持哑铃向身体两侧抬起，直到肩部高度。回到起始姿势，重复规定次数。见图4-31和图4-32。

动作要领：

保持挺胸直背，腹部收紧，身体不要晃动。

练习规格：

每组8—12次，练习3—6组，每组间休息30秒。

图 4-31 　　　　　　　　　　　　图 4-32

8. 坐姿前平举哑铃

练习目标：

主要发展三角肌前束和斜方肌上束等。

练习方法：

坐于固定椅上，双手直握哑铃，手臂自然垂于体侧，手肘微屈。保持手肘微屈，手臂持哑铃前举至与地面平行。回到起始姿势，重复规定次数。见图4-33和图4-34。

动作要领：保持挺胸直背，腹部收紧，身体不要晃动；平举过程中，哑铃高度不要超过肩部。

练习规格：

每组8—12次，练习3—6组，每组间休息30秒。

图 4-33 　　　　　　　　　　　　图 4-34

9.坐姿正/反握下拉气动训练把手

练习目标：

主要发展背部肌肉力量和肱二头肌等。

练习方法：

面朝把手，坐于椅凳上，双手正/反握把手于头顶上前方，距离与肩同宽，手臂伸直。肩胛骨下回旋，将把手拉至胸部高度，保持肘部在身体两侧。回到起始姿势，重复规定次数。见图4-35至图4-38。

动作要领：保持挺胸直背，腹部收紧，身体不要晃动。

练习规格：

每组8—12次，练习3—6组，每组间休息30秒。

图 4-35

图 4-36

图 4-37

图 4-38

10. 坐姿后拉气动训练器把手

练习目标：

主要发展背部及肩部肌肉力量。

练习方法：

面朝把手，坐于地面或座椅，双手正握把手，距离微比肩宽，双臂伸直平举于胸前。肩胛骨内收，屈臂，手肘张开，将把手向后拉至下胸部。伸直手臂，回到起始姿势，重复规定次数。见图4-39和图4-40。

动作要领：

保持挺胸直背，腹部收紧，身体不要晃动；后拉过程中，不要耸肩。

练习规格：

每组8—12次，练习3—6组，每组间休息30秒。

图 4-39 　　　　　　　　　图 4-40

11. 坐姿弹力带肩内外旋

练习目标：

训练肩部肌肉力量，改善肩膀功能。

练习方法：

呈坐姿姿态，将弹力带一端固定，练习者用手握住弹力带另一端保持一定的阻力，屈肘保持约90°，身体一侧用大臂夹紧，然后以肘关节为支点，做向内、外的拉伸动作。见图4-41和图4-42。

第四章 残疾人冬季两项越野滑雪运动员专项体能训练

动作要领：

注意身体始终保持稳定，保证完成动作的质量。

练习规格：

每组8—12次，练习3—6组，每组间休息30秒。

图4-41 　　　　　　　　　　图4-42

12. 握哑铃提拉耸肩

练习目标：

主要发展斜方肌。

练习方法：

坐在椅凳上，双手握住哑铃放置体侧，手肘微屈，躯干保持正直，肩部稳固，腹部收紧，眼睛注视前方。保持手臂不动，然后尽可能地提高肩部，尝试肩部与耳朵的接触，随后缓慢下降哑铃到初始位置。见图4-43和图4-44。

动作要领：

用肩部提高哑铃，注意不要用脖子发力，返回的时候动作要缓慢。

练习规格：

每组8—12次，练习3—6组，每组间休息30秒。

图 4-43 　　　　　　　　　　　图 4-44

13. 双杠臂屈伸

练习目标：

主要发展上肢肌肉力量，兼练背部肌肉力量。

练习方法：

双臂支撑在宽于肩的双杠上，目视前方收紧下颌，吸气时弓背屈臂使身体尽可能地下降，不借助身体惯性；呼气时伸臂撑起身体，回到起始位置。见图4-45和图4-46。

动作要领：

下放的速度要慢，不要降太低，对肩关节压力大；身体不可随意晃动，要保持平衡；不要在身体的前后摆动中完成动作。

练习规格：

每组8—12次，练习3—6组，每组间休息30秒。

图 4-45 　　　　　　　　　　　图 4-46

三、躯干支柱力量训练动作模式

1. 瑞士球俯卧——I字

练习目标：

发展肩带及上背部肌肉力量。

练习方法：

俯卧于球上，双臂伸直贴近耳朵，与躯干形成"I"字，双侧肩胛骨向内向下收紧，双臂抬起2—3厘米，保持3—5秒，回到起始姿势。见图4-47。

动作要领：

腹肌收紧，肩胛骨收紧后抬起手臂，自然呼吸，不憋气，动作协调用力。

练习规格：

每组练习10次，练习2—3组，每组间休息30秒。

图 4-47

2. 瑞士球俯卧——Y字

练习目标：

发展肩带及上背部肌肉力量。

练习方法：

俯卧于球上，双臂外展45°与躯干形成"Y"字，双侧肩胛骨向内向下收紧，双臂抬起2—3厘米，保持3—5秒，回到起始姿势。见图4-48。

动作要领：

腹肌收紧，肩胛骨收紧后抬起手臂。自然呼吸，不憋气，动作协调用力。

练习规格：

每组练习10次，练习2—3组，每组间休息30秒。

图4-48

3.瑞士球俯卧——T字

练习目标：

发展肩带及上背部肌肉力量

练习方法：

俯卧于球上，双臂外展90°与躯干形成"T"字，双侧肩胛骨向内向下收紧，双臂抬起2—3厘米，保持3—5秒，回到起始姿势。见图4-49。

动作要领：

腹肌收紧，肩胛骨收紧后抬起手臂。自然呼吸，不憋气，动作协调用力。

练习规格：

每组练习10次，练习2—3组，每组间休息30秒。

图 4-49

4. 瑞士球俯卧——W字

练习目标：

发展肩带及上背部肌肉力量。

练习方法：

俯卧于球上，双肘打开，屈肘90°与躯干形成"W"字，双侧肩胛骨向内向下收紧，双臂抬起2—3厘米，保持3—5秒，回到起始姿势。见图4-50。

动作要领：

腹肌收紧，肩胛骨收紧后抬起手臂。自然呼吸，不憋气，动作协调用力。

练习规格：

每组练习10次，练习2—3组，每组间休息30秒。

图 4-50

5.坐姿杠铃躯干旋转

练习目标：

主要发展腹内、外斜肌力量。

练习方法：

坐在平板凳上，保持躯干直立，将杠铃控制放在肩后上方，吸气，控制身体向身体一侧旋转，要求躯干在旋转时保持竖直，肩关节保持固定。当到达最大角度时，呼气，回到起始位置，然后向身体另一侧转动。见图4-51至图4-54。

动作要领：

腰背挺直，保持下半身不动。

练习规格：

每组30—45秒，练习1—3组，每组间歇时间30—60秒。

图 4-51 　　　　　　　　　图 4-52

图 4-53 　　　　　　　　　　　图 4-54

6. 负重俯卧挺身

练习目标：

主要发展腰背肌群力量。

练习方法：

俯趴在俯卧挺身的器械上，将身体固定，双手握住杠铃片放置在颈部的后方，腰背肌群始终保持紧张，注意保持正确的身体姿态。吸气时身体加速后仰形成反弓，呼气时身体前屈放慢速度。见图4-55和图4-56。

动作要领：

腰背挺直。

练习规格：

每组30—45秒，练习1—3组，每组间歇时间30—60秒。

图 4-55 　　　　　　　　　　　图 4-56

7.负重俄罗斯转体

练习目标:

主要发展腹内、外斜肌力量。

练习方法:

坐立在地板或健身垫上,腹部发力保持身体直立,双臂微屈双手抓住负重物体(药球),腿部微屈抬离地面,此时控制身体利用腹部发力身体向一侧转动,注意在转动过程中合理控制转动速度,保持身体稳定,随后回到起始位置,再次向身体另一侧转动。见图4-57和图4-58。

动作要领:

腹部发力保持身体直立

练习规格:

每组30—45秒,练习1—3组,每组间歇时间30—60秒。

图 4-57    图 4-58

8.三点平板支撑

练习目标:

发展腹部肌肉力量。

练习方法:

俯卧在垫子上,单腿撑地,双肘屈肘呈90°,支撑在肩关节正下方,双肘用力推起。运动员身体基本保持在一条直线上,腰腹用力,保持身体稳定。见图4-59。

动作要领：

保持身体在一条直线上。

练习规格：

每组30—45秒，练习1—3组，每组间歇时间30—60秒。

图 4-59

9.单腿臀肌桥

练习目标：

发展以髋关节为主的躯干支柱力量。

练习方法：

仰卧在训练垫子上，双手放置在身体两侧，单腿屈膝支撑，腰腹、臀肌发力，抬起髋部使肩、躯干、髋、膝保持直线，维持该姿势一段时间后回到起始位置。见图4-60。

动作要领：

抬起髋部使肩、躯干、髋、膝保持直线。

练习规格：

每组18—12次，练习3—4组，每组间隔时间为1—2分钟。

图 4-60

10. 单腿侧桥

练习目标：

发展腹侧肌力量。

练习方法：

侧身将手肘呈90°角撑在训练垫子上，单脚支撑，抬起臀部离开地面，收住下颌，使从头部到脚跟保持在一条线上，腰腹收紧，正常呼吸。见图4-61。

动作要领：

保持头、背到脚跟一条直线

练习规格：

每组30—45秒，练习1—3组，每组间歇10—30秒。

图 4-61

11. 悬垂收腹举腿

练习目标：

发展腹肌肌肉力量。

练习方法：

双手正向握住单杠或圆木，身体保持悬垂状态，然后吸气抬腿向上举至单杠或圆木位置，呼气时缓缓下降回到起始位置。见图4-62和图4-63。

动作要领：

腹部收紧发力。

练习规格：

练习12—15次，2—3组，每组休息30秒。

图 4-62 　　　　　　　　　图 4-63

12. 俯卧举腿

练习目标：

发展臀肌肉以及腰背肌肉力量。

练习方法：

俯趴在训练凳上，双手按住训练凳前沿，固定身体，然后利用臀肌以及腰背肌群发力，带动下肢向身体斜上方摆动，当摆动到最大角度后缓缓下放，回到起始位置。见图4-64和图4-65。

动作要领：

上身保持固定，利用臀肌、背肌发力。

练习规格：

练习12—15次，2—3组，每组休息30秒。

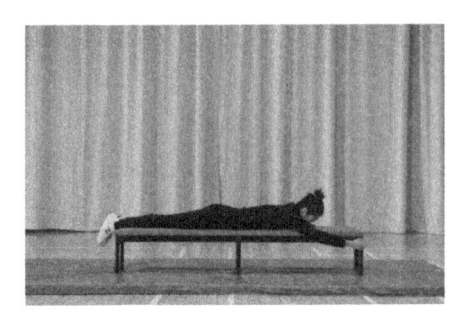

图 4-64

图 4-65

13. 单腿跪姿侧抛药球

练习目标：

发展腰部及腹部肌肉力量。

练习方法：

运动员呈单腿跪姿侧对同伴，距离同伴约1—1.5米，双手托住药球置于胸前，然后转向一侧通过躯干旋转将药球抛向同伴，反复多次后换另外一侧练习。见图4-66和图4-67。

动作要领：

腰椎保持稳定，旋转的产生主要是来自胸椎，躯干始终保持紧绷。

练习规格：

适宜重量的药球，练习6—8次，3—6组，每组休息30秒。

图 4-66　　　　　　　　　　　　图 4-67

14. 跪姿下砸药球

练习目标：

发展腰部以及腹部肌肉力量。

练习方法：

运动员跪于垫子上，将药球双手托起举过头顶偏后，身体前倾，接着利用身体核心力量尽可能地向地面下砸药球，此时腹部收紧用力，等药球从地面反弹后双手快速接住，然后重复上述动作。见图4-68至图4-71。

动作要领：

腹部收紧发力。

练习规格：

选择适宜重量的药球，练习6—8次，3—6组，每组休息30秒。

图 4-68　　　　　　　　　　　　图 4-69

图 4-70　　　　　　　　　　图 4-71

15. 仰卧起坐抛药球

练习目标：

发展腰部以及腹部肌肉力量。

练习方法：

先坐在训练垫上，然后向后水平仰躺，待双手托住药球举过头顶时，弯曲膝盖。对墙发力抛球时腰腹核心区要收紧，然后手臂顺势将药球抛向身体正上方，待药球从墙面反弹后用手接住。见图4-72至图4-75。

动作要领：

腰腹核心区收紧发力。

练习规格：

适宜重量的药球，练习6—8次，3—6组，每组休息30秒。

图 4-72　　　　　　　　　　图 4-73

图 4-74 　　　　　　　　　图 4-75

第二节　站姿运动员专项体能训练

一、上肢推动作模式

1.瑞士球俯卧撑（1）

练习目标：

发展腹肌、臀肌、核心区、肩部、胸部和手臂力量。

练习方法：

手掌撑于瑞士球上呈俯卧撑姿势，用躯干力量控制瑞士球，屈肘、降低身体重心后再将整个身体快速推起。见图4-76和图4-77。

动作要领：

在练习时要保持身体的稳定，保持身体呈一条直线。

练习规格：

练习2—3组，每组20—30次，组间间歇30秒。

图 4-76 　　　　　　　　　　　　图 4-77

2. 瑞士球俯卧撑（2）

练习目标：

发展腹肌、臀肌、核心区、肩部、胸部和手臂力量。

练习方法：

手掌撑于地面，双脚支撑于瑞士球上呈俯卧撑姿势，用躯干力量控制瑞士球，屈肘、降低身体重心后再将整个身体快速推起。见图 4-78 和图 4-79。

动作要领：

在练习时要保持身体的稳定，保持身体呈一条直线。

练习规格：

练习 2—3 组，每组 20—30 次，组间间歇 30 秒。

图 4-78 　　　　　　　　　　　　图 4-79

3. 俯卧撑

练习目标：

发展腹肌、臀肌、核心区、肩部、胸部和手臂力量。

练习方法：

手掌和双脚撑于地面呈俯卧撑姿势，用躯干力量控制身体，全身收紧，屈肘、降低身体重心后再将整个身体快速推起。见图4-80和图4-81。

动作要领：

在练习时要保持身体的稳定，保持身体呈一条直线。

练习规格：

练习2—3组，每组20—30次，组间间歇30秒。

图 4-80　　　　　　　　　　图 4-81

4. 单臂卧推哑铃

练习目标：

练习胸肌、肩和上肢肌肉共同发力。

练习方法：

仰卧于练习凳上，手臂位于胸上方持握哑铃，缓慢降低哑铃于胸部侧方，然后快速推起。见图4-82和图4-83。

动作要领：

在推举过程中要时刻保持双脚触地，躯干、臀部和肩部紧贴在练习凳上。

练习规格：

练习2—3组，每组6—8次，组间间歇30秒。

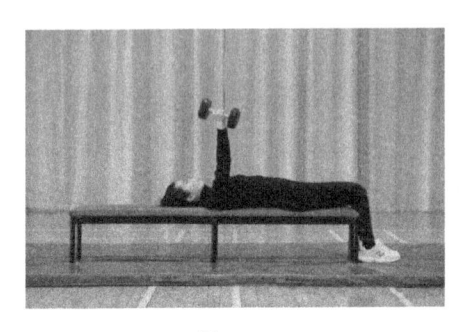

图 4-82 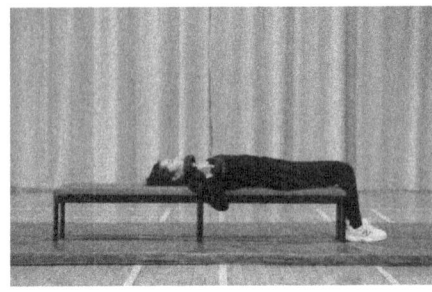　　　　　　　　　图 4-83

5. 瑞士球卧推哑铃

练习目标：

练习胸肌、肩和上肢肌肉共同发力。

练习方法：

仰卧于瑞士球上，手臂位于胸上方持握哑铃，缓慢降低哑铃于胸部侧方，然后推起。见图4-84和图4-85。

动作要领：

在推举过程中要时刻保持双脚触地，躯干、臀部和肩部紧贴在瑞士球上。

练习规格：

练习2—3组，每组6—8次，组间间歇30秒。

图 4-84 　　　　　　　　　图 4-85

6.跪姿单臂上推哑铃

练习目标：

发展肩部、臀部、腿部力量。

练习方法：

以跪姿作为准备姿势，单手持哑铃于头上，缓慢降低哑铃于头部侧方，肘关节不要低于肩部的水平面，然后快速推起。见图4-86和图4-87。

动作要领：

在上推过程中时刻要保持躯干稳定，臀大肌保持紧张。

练习规格：

练习2—3组，每组6—8次，组间间歇30秒。

图 4-86 　　　　　　　　　图 4-87

7.坐姿单臂斜上推哑铃

练习目标：

发展胸大肌上部、肩部和手臂力量。

练习方法：

坐立并倚靠于训练器械上，手持哑铃屈臂于肩侧，上推哑铃直至双臂笔直及稳定，缓慢收回哑铃至起始位置。见图4-88和图4-89。

动作要领：

在训练过程中要时刻保持双脚触地，臀部、肩部和背部紧贴在训练器械上，腹部收紧以保持稳定。

练习规格：

练习2—3组，每组6—8次，组间间歇30秒。

图4-88 　　　　　　　　图4-89

8.半跪姿单臂斜上推哑铃

练习目标：

发展下肢、胸大肌上部、肩部、手臂和躯干肌肉力量。

练习方法：

单手持哑铃呈半跪姿准备，持哑铃屈臂于肩侧方，手臂斜上推哑铃，然后缓慢收回，再快速斜上推。见图4-90和图4-91。

动作要领：

练习过程中要时刻保持臀肌、股四头肌和腹部收紧，以保持躯干支柱的稳定。

练习规格：

练习2—3组，每组6—8次，组间间歇30秒。

图 4-90　　　　　　　　　　图 4-91

二、上肢拉动作模式

1. 悬吊带斜下拉（1）

练习目标：

发展肱三头肌力量。

练习方法：

胸前直臂反握悬吊带（掌心向上），下肢呈半蹲姿势，双膝微屈，不超过脚尖，身体与悬吊带形成一定夹角，通过肱三头肌收缩将悬吊带下拉。见图4-92和图4-93。

动作要领：

腿部夹紧，腹部收紧以保持躯干稳定。

练习规格：

练习1—2组，每组6—8次，组间间歇30秒。

图 4-92　　　　　　　　　　　　图 4-93

2.悬吊带斜下拉（2）

练习目标：

发展肱二头肌力量。

练习方法：

胸前直臂反握悬吊带（掌心向上），双腿前后站立，前腿微直，后腿微屈，身体向后倾斜与悬吊带形成一定夹角。通过肱二头肌的收缩将自己的身体拉起，屈肘时的肘关节夹角要超过90°，然后再缓慢恢复到准备姿势。见图4-94和图4-95。

动作要领：

肘部夹紧，腹部收紧以保持躯干稳定。

练习规格：

练习1—2组，每组6—8次，组间间歇30秒。

图 4-94　　　　　　　　　　　　图 4-95

3. 坐姿弹力带直臂斜下拉

练习目标：

发展背阔肌力量。

练习方法：

呈坐姿姿态，将弹力带一端固定在上方，练习者双臂上举，手握弹力带保持一定的阻力，以肩关节为支点，双臂向下做斜拉动作。见图4-96和图4-97。

动作要领：

注意身体始终保持稳定，保证完成动作的质量。

练习规格：

练习1—2组，每组6—8次，组间间歇30秒。

图 4-96 　　　　　　　　　　图 4-97

4. 站姿握哑铃单臂屈伸

练习目标：

发展肱二头肌力量。

练习方法：

双脚与肩同宽，手持哑铃掌心向上，手臂做屈肘练习，肘关节在前屈过程中要注意始终向体侧夹紧，然后再缓慢还原到开始姿势，依此重复数次。见图4-98和图4-99。

动作要领：

在练习过程中要注意保持肘关节始终处于相对固定的位置，腹部收紧，尽量避免出现躯干前后晃动。

练习规格：

练习1—2组，每组6—8次，组间间歇30秒。

图 4-98　　　　　　　　　　图 4-99

5.站姿半蹲弯举哑铃

练习目标：

发展肱二头肌、下肢肌肉力量。

练习方法：

手持哑铃呈半蹲姿势，手臂微屈，双肘夹紧靠于体侧，然后两手沿着大腿方向顺势提起哑铃，再缓慢放下。见图4-100和图4-101。

动作要领：

以肘关节为轴发力，臀大肌收紧，保持背部挺直。

练习规格：

练习1—2组，每组6—8次，组间间歇30秒。

图 4-100　　　　　　　　　　　图 4-101

6.单腿单臂俯姿上提哑铃

练习目标：

感受背部和肩部用力，练习支撑腿股后肌群的柔韧性以及平衡性。

练习方法：

单腿站立，支撑腿稍弯曲，非支撑腿向后蹬伸呈"燕式平衡"姿势，支撑腿一侧的手握持哑铃，提起哑铃时肘关节夹紧贴身体，之后缓慢放下，以此重复数次。见图4-102和图4-103。

动作要领：

以肩部为轴动员背阔肌发力并保持背部挺直，练习时腹部收紧，脚尖向下、勾起，头、背、臀、腿和脚保持在一条直线上。

练习规格：

练习1—2组，每组6—8次，组间间歇30秒。

图 4-102　　　　　　　　　　　图 4-103

三、下肢推动作模式

1. 负重前后分腿蹲

练习目标：

发展下肢肌力量以及柔韧性。

练习方法：

负重前后分腿站立，将后脚置于凳、跳箱等物体上，膝关节微屈；通过前腿的弯曲降低臀部，同时后腿膝关节不能触地呈半跪姿，停顿片刻后，前腿蹬起还原起始姿势。见图4-104和图4-105。

动作要领：

切勿将前腿的膝关节前移过脚尖，膝关节向前运动时切勿出现外展或是内扣动作；以舒适的方式将脚尖或脚背置于卧推凳或是跳箱上。

练习规格：

练习1—2组，每组6—8次，组间间歇30秒。

图4-104    图4-105

2. 平衡盘负重前后分腿蹲

练习目标：

发展前支撑腿的臀大肌、股后肌群和股四头肌力量；练习后支撑腿臀大肌的柔韧性。

练习方法：

负重前后分腿站立，将后脚置于凳、跳箱等物体上，前脚置于平衡盘上，膝关节微屈；通过前腿的弯曲降低臀部，同时后腿膝关节不能触地呈半跪姿，停顿片刻后，前腿蹬起还原起始姿势。见图4-106和4-107。

动作要领：

切勿将前腿的膝关节超过脚尖，膝关节向前运动时切勿出现外展或是内扣动作；以舒适的方式将脚尖或脚背置于卧推凳或是跳箱上。

练习规格：

练习1—2组，每组6—8次，组间间歇30秒。

图 4-106 　　　　　　　　图 4-107

3. 瑞士球负重前后分腿蹲

练习目标：

发展前支撑腿的臀大肌、股后肌群和股四头肌力量；练习后支撑腿臀大肌的柔韧性。

练习方法：

负重前后分腿站立，将后脚置于瑞士球上，前脚置于平地上，膝关节微屈；通过前腿的弯曲降低臀部，同时后腿膝关节不能触地呈半跪姿，停顿片刻后，前腿蹬起还原起始姿势。见图4-108和图4-109。

动作要领：

前腿的膝关节尽可能不超过脚尖，膝关节向前运动时切勿出现外展或是内扣动作；以舒适的方式将脚尖或脚背置于瑞士球上。

练习规格：

练习1—2组，每组6—8次，组间间歇30秒。

图 4-108 　　　　　　　　　　图 4-109

4.悬吊带负重分腿前蹲

练习目标：

发展前支撑腿的臀大肌、股后肌群和股四头肌力量；练习后支撑腿臀大肌的柔韧性。

练习方法：

负重前后分腿站立，将后脚置于悬吊带上，前脚置于平地上，膝关节微屈；通过前腿的弯曲降低臀部，同时后腿膝关节不能触地呈半跪姿，停顿片刻后，前腿蹬起还原起始姿势。见图4-110和图4-111。

动作要领：

切勿将前腿的膝关节超过脚尖，膝关节向前运动时切勿出现外展或是内扣动作；以舒适的方式将脚尖或脚背置于悬吊带上。

练习规格：

练习1—2组，每组6—8次，组间间歇30秒。

图 4-110　　　　　　　　　　　图 4-111

5. 悬吊带侧向分腿蹲

练习目标：

发展支撑腿的臀大肌和股四头肌力量；练习悬吊腿的髋关节柔韧性。

练习方法：

一条腿立于地面，另一条腿置入悬吊环中并保持悬吊带垂直地面；然后将重心置于支撑腿上，脚尖和膝关节保持向前；下蹲时膝关节不要超过脚尖，下蹲至大腿与地面平行位置即可。下蹲的同时悬吊腿保持直腿向侧方滑动，最后支撑腿蹬地站起，还原成准备姿势。见图4-112和图4-113。

动作要领：

下蹲时要注意动员臀大肌发力，在练习过程中保持挺胸、收腹，同时保持背部的挺直以及悬吊腿始终处于伸直状态。

练习规格：

练习1—2组，每组6—8次，组间间歇30秒。

图 4-112　　　　　　　　　　　图 4-113

四、下肢拉动作模式

1. 悬吊带单臂俯姿收腿

练习目标：

发展腹部和肩部肌肉力量。

练习方法：

俯姿，将双脚分别置于悬吊带的套环中，手臂伸直撑起身体，收腹，保持头、躯干、臂、下肢处于同一直线上；保持身体姿势不变的同时，双腿同时内收，膝关节向胸部靠近，至最大限度后停顿2—3秒，然后再还原成起始姿势。见图4-114和图4-115。

动作要领：

注意保持腹部收紧，大腿尽力向腹部靠近。

练习规格：

练习1—2组，每组6—8次，组间间歇30秒。

图 4-114　　　　　　　　　图 4-115

2. 悬吊带单臂俯姿屈髋

练习目标：

发展腹部和肩部肌肉力量。

练习方法：

俯姿，将双脚分别置于悬吊带的套环中，手臂伸直撑起身体，收腹，保持头、背、臂、腿处于同一直线上；在直腿的状态下收腹并向上提臀，停顿后还原成起始姿势。见图4-116和图4-117。

动作要领：

注意保持腹部紧张和膝关节伸直，充分屈髋提臀。

练习规格：

练习1—2组，每组6—8次，组间间歇30秒。

图 4-116　　　　　　　　　图 4-117

3.瑞士球单臂俯姿收腿

练习目标：

发展腹部和肩部肌肉力量。

练习方法：

俯姿，将双脚置于瑞士球上，手臂伸直撑起身体，收腹，保持头、躯干、臂、下肢处于同一直线上；保持身体姿势不变的同时，双腿同时内收，膝关节向胸部靠近，至最大限度时停顿2—3秒，然后再还原成起始姿势。见图4-118和图5-119。

动作要领：

注意保持腹部收紧，大腿尽力向腹部靠近。

练习规格：

练习1—2组，每组6—8次，组间间歇30秒。

图 4-118

图 4-119

4.瑞士球单臂俯姿屈髋

练习目标：

发展腹部和肩部肌肉力量。

练习方法：

俯姿，将双脚置于瑞士球上，手臂伸直撑起身体，收腹，保持头、背、臂、腿处于同一直线上；在直腿的状态下收腹并向上提臀，停顿后还原成起始姿势。见图4-120和图4-121。

动作要领：

注意保持腹部紧张和膝关节伸直，充分屈髋提臀。

练习规格：

练习1—2组，每组6—8次，组间间歇30秒。

图 4-120　　　　　　　　图 4-121

5.瑞士球仰卧收腿

练习目标：

发展臀部和股后肌群力量。

练习方法：

仰卧于地面，肩部着地，后脚跟置于瑞士球上，髋关节向上挺起并使肩、髋、膝关节处于同一平面，然后屈膝回拉瑞士球。此动作要注意保持臀大肌收紧，有爆发力，做到流畅、连贯、快速。见图4-122和图4-123。

动作要领：

臀大肌始终保持收紧状态，屈拉时要注意充分顶髋，不能出现臀部下沉动作。

练习规格：

练习1—2组，每组6—8次，组间间歇30秒。

图 4-122 　　　　　　　　　　　　图 4-123

6.悬吊带仰卧收腿

练习目标：

发展髋部和股后肌群力量。

练习方法：

仰卧于地面，肩部着地，双腿分别置于悬吊带的吊环内，髋关节离开地面，使肩、髋、膝、踝关节保持一条直线，然后在臀大肌收紧的同时做快速的屈拉小腿动作，即脚后跟向臀部快速移动。之后再缓慢地伸直膝关节还原至原先准备姿势。见图4-124和图4-125。

动作要领：

练习中，肩、髋、膝、踝关节须保持一条直线，脚尖勾起并和胫骨方向保持一致，腹部收紧。

练习规格：

练习1—2组，每组6—8次，组间间歇30秒。

图 4-124　　　　　　　　　　　图 4-125

五、躯干动作模式训练

1. 单臂平板支撑

练习目标：

发展躯干支柱力量。

练习方法：

以双脚和手臂撑于地面，双脚略分开，脚尖触地，身体呈俯桥姿势。见图4-126。

动作要领：

练习过程中，要保持臀肌、腹肌收紧，保持头、背、臀、腿、脚跟处于同一直线上。

练习规格：

练习1—2组，每组30—45秒，组间间歇30秒。

图 4-126

2. 两点支撑平板

练习目标：

发展臀部、肩部、股前肌群和躯干支柱力量。

练习方法：

以双脚和手臂撑于地面，双脚略分开，脚尖触地，单侧手臂向前伸展，同时对侧（或者异侧）腿上举并停顿；同时保持头、背、臀、腿和脚跟处于同一直线上。见图4-127。

动作要领：

练习过程中，要保持臀肌、腹肌收紧，身体保持稳定，克服身体在交替支撑时产生晃动和倾斜。

练习规格：

练习1—2组，每组30—45秒，组间间歇30秒。

图 4-127

3.单臂瑞士球俯桥

练习目标：

发展肩背部和躯干支柱力量。

练习方法：

运动员将手臂置于瑞士球上，双脚撑于地面，全身发力，身体收紧，练习时须保持身体的稳定性。见图4-128。

动作要领：

要保持臀肌、腹肌和肩背部的适度紧张。

练习规格：

练习1—2组，每组30—45秒，组间间歇30秒。

图 4-128

4. 背桥

练习目标：

发展臀部和髋部力量。

练习方法：

运动员背部和脚触地（双脚触地难度较低），脚尖勾起，小腿与大腿成90°角；髋部抬起，胸、髋、大腿成直线，并稳定。见图4-129和图4-130。

动作要领：

练习过程中，要保持臀肌紧张。

练习规格：

练习1—2组，每组30—45秒，组间间歇30秒。

图4-129

图4-130

5. 药球背桥

练习目标：

随着脚部支撑物高度的增加，股后肌群协同发力的成分也逐步增大。

练习方法：

运动员单脚或者双脚支撑于药球上，脚尖勾起，小腿与大腿成90°角，髋部抬起，胸、髋、大腿成直线并保持稳定。见图4-131和图4-132。

动作要领：

练习过程中，要保持臀肌紧张，躯干保持稳定。

练习规格：

练习1—2组，每组30—45秒，组间间歇30秒。

图 4-131 　　　　　　　　图 4-132

6.瑞士球背桥

练习目标：

随着脚部支撑物高度的增加，股后肌群协同发力的成分也逐步增大。

练习方法：

运动员单脚或者双脚支撑与瑞士球上，脚尖勾起，小腿与大腿成90°角，髋部抬起，胸、髋、大腿成直线并保持稳定。见图4-133和图4-134。

动作要领：

练习过程中，要保持臀肌紧张，躯干稳定。

练习规格：

练习1—2组，每组30—45秒，组间间歇30秒。

图 4-133 　　　　　　　　　　图 4-134

7. 泡沫轴背桥

练习目标：

随着脚部支撑物高度的增加，股后肌群协同发力的成分也逐步增大。

练习方法：

运动员单脚或者双脚支撑于泡沫轴上，脚尖勾起，小腿与大腿成90°角，髋部抬起，胸、髋、大腿成直线并保持稳定。见图4-135和图4-136。

动作要领：

练习过程中，要保持臀肌紧张，躯干稳定。

练习规格：

练习1—2组，每组30—45秒，组间间歇30秒。

图 4-135 　　　　　　　　　　图 4-136

8. 侧桥

练习目标：

发展身体侧面肌肉和腰腹肌力量，也可通过单腿上举的姿势提高训练负荷。

练习方法：

运动员以肘关节和脚着地，髋部侧挺起、离地，头部保持正直，颈椎、胸椎、腰椎、骶椎呈一条直线，头、躯干、髋、脚跟呈一条直线，并保持身体稳定。掌握静态侧桥动作后，可在此基础上变换为一条腿支撑、另一条腿侧上举的姿势，不断增加动作的难度和练习强度。见图4-137和图4-138。

动作要领：

躯干、臀大肌和下肢整体发力，身体呈一条直线。

练习规格：

练习1—2组，每组6—8次，组间间歇30秒。

图4-137 　　　　　　　　图4-138

9. 平衡盘侧桥

练习目标：

发展身体侧面肌肉和腰腹肌力量，也可通过单腿上举的姿势提高训练负荷。

练习方法：

运动员肘关节撑在平衡盘上，脚着地，髋部侧挺起、离地，头部保持正直，颈椎、胸椎、腰椎、骶椎呈一条直线，头、躯干、髋、脚跟呈一条直线，身体姿态保持稳定。掌握静态侧桥动作后，可在此基础上变换为一条腿支撑、另一条腿侧上举的姿势，不断增加动作的难度和练习强度。见图4-139和图4-140。

动作要领：

躯干、臀大肌和下肢整体发力，身体呈一条直线。

练习规格：

练习1—2组，每组6—8次，组间间歇30秒。

图4-139 　　　　　　　　　　图4-140

10.瑞士球侧桥

练习目标：

发展身体侧面肌肉和腰腹肌力量，也可通过单腿上举的姿势提高训练负荷。

练习方法：

肘关节撑在瑞士球上，脚着地，髋部侧挺起、离地，头部保持正直，颈椎、胸椎、腰椎、骶椎呈一条直线，头、躯干、髋、脚跟呈一条直线，身体姿态保持稳定。当掌握静态侧桥动作后，可在此基础上变换为一条腿支撑、另一条腿侧上举的姿势，不断增加动作的难度和练习强度。见图4-141和图4-142。

动作要领：

躯干、臀大肌和下肢整体发力，身体呈一条直线。

练习规格：

练习1—2组，每组6—8次，组间间歇30秒。

图 4-141　　　　　　　　　图 4-142

11. 药球直臂侧桥

练习目标：

发展身体侧面肌肉和腰腹肌力量，也可通过单腿上举的姿势提高训练负荷。

练习方法：

直臂撑在药球上，脚着地，髋部侧挺起、离地，头部保持正直，颈椎、胸椎、腰椎、骶椎呈一条直线，头、躯干、髋、脚跟呈一条直线，身体姿态保持稳定。当掌握静态侧桥动作后，可在此基础上变换为一条腿支撑、另一条腿侧上举的姿势，不断增加动作的难度和练习强度。见图4-143和图4-144。

动作要领：

躯干、臀大肌和下肢整体发力，身体呈一条直线。

练习规格：

练习1—2组，每组6—8次，组间间歇30秒。

图 4-143　　　　　　　　图 4-144

12. 卷腹抛接球

练习目标：

发展腰腹肌力量。

练习方法：

双脚平放在地，屈膝呈90°，然后双手握住药球放于胸前，做卷腹动作，利用腹部肌肉有力地抬起躯干。当身体抬到最高处时，双手伸直，抛接药球。见图4-145和图4-146。

动作要领：

腹肌收缩控制下降，保持身体稳定，呼吸均匀。

练习规格：

练习1—2组，每组10次，组间间歇30秒。

图 4-145 　　　　　　　　　　　图 4-146

13. 药球下砸

练习目标：

训练核心肌群，保持身体平衡，增强稳定性。

练习方法：

站立持药球，双脚与肩同宽，膝盖微微弯曲，保持身体挺直。将药球抬起至头顶位置，双手握住药球两侧。用力将药球向下猛抛到地面，同时弯腰屈膝，保持身体平衡。药球触地弹起后迅速抓住，然后再次将药球抬起至头顶后重复动作。见图4-147和图4-148。

动作要领：

注意保持良好的身体姿势，控制药球的姿势和力量，确保动作稳定和流畅。

练习规格：

每组进行8—12次，组间间隔1—2分钟。

图 4-147 　　　　　　　　　　图 4-148

第三节　视障运动员专项体能训练

一、上肢推动作模式

1.瑞士球俯卧撑——手支撑

练习目标：

发展腹肌、臀肌、肩部、胸部和手臂等部位的力量。

练习方法：

运动员双手撑于瑞士球上呈俯卧撑姿势，用躯干力量控制瑞士球，屈肘降低身体重心后再将整个身体快速推起。见图4-149和图4-150。

动作要领：

练习时要保持身体稳定，身体上下呈一条直线。

练习规格：

练习1—2组，每组6—8次，组间间歇30秒。

图 4-149 　　　　　　　　　　图 4-150

2. 瑞士球俯卧撑 —— 脚支撑

练习目标：

发展腹肌、臀肌、肩部、胸部和手臂等部位的力量。

练习方法：

双手撑于地面，双脚支撑于瑞士球上呈俯卧撑姿势，用躯干力量控制瑞士球，屈肘降低身体重心后再将整个身体快速推起。见图 4-151 和图 4-152。

动作要领：

练习时要保持身体稳定，保持身体呈一条直线。

练习规格：

练习 1—2 组，每组 6—8 次，组间间歇 30 秒。

图 4-151 　　　　　　　　　　图 4-152

3.壶铃卧推

练习目标：

运用于胸肌、肩和上肢的肌肉共同发力。

练习方法：

仰卧于练习凳上，双手伸展位于胸上方持握壶铃，缓慢降低壶铃于胸部侧方，肘关节不要低于肩部的水平面，练习时推起壶铃的速度要快，具有爆发力。见图4-153和图4-154。

动作要领：

在推举过程中要时刻保持双脚触地，躯干、臀部和肩部紧贴在练习凳上。

练习规格：

练习1—2组，每组6—8次，组间间歇30秒。

图4-153 　　　　　　　　　图4-154

4.壶铃交替卧推

练习目标：

运用于胸肌、肩和躯干的肌肉共同发力。

练习方法：

仰卧于练习凳上，双手位于胸上方持握壶铃，然后一只手臂处于伸直状态，另一只手臂降至肩部外侧，之后两臂做交替的屈伸推举壶铃动作。

见图4-155和图4-156。

动作要领：

在推举过程中要时刻保持双脚触地，躯干、臀部和肩部紧贴在练习凳上，非用力一侧的手臂保持笔直；腹部收紧以保持身体的稳定。

练习规格：

练习1—2组，每组6—8次，组间间歇30秒。

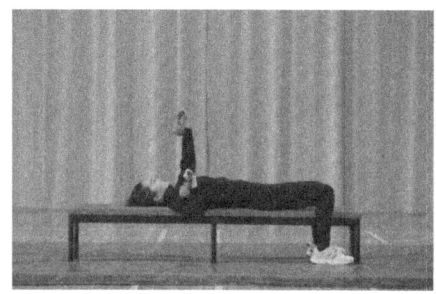

图4-155　　　　　　　　　图4-156

5. 坐姿肩推

练习目标：

增强肩部肌群的力量。

练习方法：

坐在有背垫的凳子上，两脚平放地面，把哑铃或器械举至肩部，掌心朝前。见图4-157和图4-158。

动作要领：

保持核心肌群紧绷，为动作提供稳定性；避免在推举过程中弓背或拱背，保持脊柱中立；抬起重物时呼气，降低重物时吸气；推举时肘部应轻微向前，以减轻肩关节的压力。

练习规格：

练习3组，每组8—12次，组间间歇30秒。

图 4-157　　　　　　　　　　图 4-158

二、上肢拉动作模式

1.悬吊带屈臂下拉

练习目标：

发展肱三头肌力量。

练习方法：

两腿左右分开，与肩同宽站立，双手胸前屈臂正握悬吊带（掌眼向上）。以肘关节为轴，保持肘关节不动，通过肱三头肌的收缩将手臂从屈臂姿势变成直臂姿势，然后再缓慢恢复到准备姿势，重复多次。见图4-159和图4-160。

动作要领：

肘部夹紧，腹部收紧以保持躯干稳定。

练习规格：

练习3—6组，每组6—8次，组间间歇30秒。

图 4-159　　　　　　　　图 4-160

2.悬吊带斜下拉 —— 以肩关节为轴

练习目标：

发展肱三头肌力量。

练习方法：

胸前直臂正握悬吊带，前腿伸直后腿膝关节微屈，身体与悬吊带形成一定夹角，通过肱三头肌收缩将悬吊带手柄下拉至胸口处，然后还原，反复多次。见图4-161和图4-162。

动作要领：

肘部夹紧，腹部收紧以保持躯干稳定。

练习规格：

练习3—6组，每组6—8次，组间间歇30秒。

图 4-161　　　　　　　　　　　　　图 4-162

3.悬吊带斜下拉 —— 以肘关节为轴

练习目标：

发展肱二头肌力量。

练习方法：

胸前直臂正握悬吊带，双腿前后站立，前腿伸直，后腿膝关节微屈，身体向后倾斜与悬吊带形成一定夹角。通过肱二头肌的收缩将悬吊带手柄拉至头前方，然后再缓慢恢复到准备姿势，反复多次练习。见图4-163和图4-164。

动作要领：

肘部夹紧，腹部收紧以保持躯干稳定。

练习规格：

练习3—6组，每组6—8次，组间间歇30秒。

图 4-163　　　　　　　　　　　　　图 4-164

4.悬吊带站姿内收

练习目标：

发展胸肌和躯干力量。

练习方法：

双腿前后分开站立，呈弓步姿势，双臂伸直于胸前握住悬吊带，并使身体向前倾斜成一定角度；保持肘关节轻微的弯曲，两手掌相对，双臂内收后，再缓慢还原到开始姿势，以此重复。见图4-165和图4-166。

动作要领：

重心放置于胸前，躯干保持正直，双臂略微弯曲。

练习规格：

练习1—2组，每组6—8次，组间间歇30秒。

图 4-165 　　　　　　　图 4-166

5.悬吊带俯身俯卧撑

练习目标：

发展胸肌和躯干力量。

练习方法：

双腿并拢，双臂伸直于胸前握住悬吊带，并使身体俯身向前倾斜成一定角度；屈肘将双手分开，身体向下靠近双手，当身体达到最低端时，向反方向运动，直至手臂完全伸展，以此重复。见图4-167和图4-168。

动作要领：

重心放置于胸前，躯干保持正直，双臂略微弯曲。

练习规格：

练习1—2组，每组6—8次，组间间歇30秒。

图 4-167 　　　　　　　　　　图 4-168

6.站姿肱二头肌屈伸

练习目标：

发展肱二头肌力量。

练习方法：

双脚与肩同宽，手持哑铃掌心向上，手臂做屈肘练习，肘关节在前屈过程中要始终夹紧在体侧，然后再缓慢还原到开始姿势，依此重复数次。见图4-169和图4-170。

动作要领：

在练习过程中要注意保持肘关节始终处于相对固定的位置，腹部收紧，尽量避免躯干前后晃动。

练习规格：

练习1—2组，每组6—8次，组间间歇30秒。

图 4-169　　　　　　　　　　　图 4-170

7. 斜身引体（正握）

练习目标：

发展上背部和肩部肌肉力量。

练习方法：

将杠铃杆置于一定高度的练习架上，练习者仰卧于杠铃杆下，双手正握，握距与肩同宽，保持直臂握杆姿势，脚尖勾起，然后快速将身体拉起。见图4-171和图4-172。

动作要领：

保持头、躯干、下肢在同一平面，臀大肌收紧，收腹并保持适度紧张。

练习规格：

练习1—2组，每组6—8次，组间间歇30秒。

图 4-171　　　　　　　　　　　图 4-172

8.斜身引体（反握）

练习目标：

发展上背部和肩部肌肉力量。

练习方法：

将杠铃杆置于一定高度的练习架上，练习者仰卧于杠铃杆下，双手反握，握距与肩同宽，保持直臂握杆姿势，脚尖勾起，然后快速将身体拉起。见图4-173和图4-174。

动作要领：

保持头、躯干、下肢在同一平面，臀大肌收紧，收腹并保持适度紧张。

练习规格：

练习1—2组，每组6—8次，组间间歇30秒。

图 4-173    图 4-174

9.悬吊带斜身引体

练习目标：

发展上背部、肩部力量和躯干力量。

练习方法：

双手分别握住悬吊带2个拉环，脚尖勾起，脚跟着地，身体悬空并保持挺直姿势；依靠背阔肌发力将身体快速拉起，屈拉时保持整个身体的正直和稳定，停顿2—3秒后，再缓慢地将身体放下到开始姿势，以此重复。见图4-175和图4-176。

动作要领：

练习时保持头、躯干、下肢在同一平面，臀大肌收紧，收腹并保持适度紧张。

练习规格：

练习1—2组，每组6—8次，组间间歇30秒。

图4-175 　　　　　　　　　　　图4-176

10.俯身直臂下拉

练习目标：

主要发展背部以及上肢肌肉力量。

练习方法：

面朝训练器，双手正握手柄置于头顶，距离稍比肩宽，保持手臂伸直，下拉手柄至髋部位置，回到起始姿势，重复规定次数。见图4-177和图4-178。

动作要领：挺胸直背，腹部收紧，身体不要晃动；肩胛骨内收，带动手臂下拉完成动作；下拉过程中，身体不要后仰。

练习规格：

肌肉肥大（力量），每组6—12次，练习3—6组；肌肉耐力，每组12次以上，练习2—3组。

图 4-177 　　　　　　　　　　　图 4-178

11. 坐姿划船

练习目标：

发展背部、手臂等多个肌肉群，提高心肺功能和身体的协调性。

练习方法：

坐在器械上调整好位置，双脚踩住固定器械的脚踏板，双手握住手柄，向后拉动手柄，模拟划船的动作，控制速度和幅度，保持动作流畅。见图 4-179 和图 4-180。

动作要领：

保持身体直立，腰背挺直；手臂发力，肩部放松，不要用力过猛；控制呼吸，配合动作顺畅完成。

练习规格：

每组练习 8—12 次，重复 3—4 组，每组间歇 60 秒。

图 4-179 　　　　　　　　　　　图 4-180

12. 俯身划船

练习目标：

主要针对背部肌肉、腰部和手臂，有助于提高后背力量和稳定性。

练习方法：

站立在器械旁，腰部微屈，双脚与肩同宽，弯腰俯身，保持背部挺直，抓住手柄，展开双臂，向后划动手柄，让背部肌肉参与力量输出，控制动作幅度，保持呼吸均匀。见图4-181和图4-182。

动作要领：

注意保持腹部紧绷，腰部挺直，不要弯曲或反弯过度；动作主要来自背部肌肉，臀部和腰部力量起辅助作用，避免用力过猛导致伤害；练习动作时重心稳定，避免摇晃或摆动身体。

练习规格：

每次练习可以进行3—4组，每组12—15次，每组间歇60秒。

图4-181 　　　　　　　　图4-182

13. 坐姿高位下拉

练习目标：

加强背阔肌、斜方肌以及肱三头肌等。

练习方法：

调整坐姿高位下拉器的座位和杠杆以适应个人身高，就位后调整大腿垫和膝盖垫的位置，以确保稳定和舒适，握住下拉杆，双手与肩同宽，放松肩膀，保持挺胸和挺直腰背的姿势，向下拉动下拉杆。直到触及上胸部或颈后部位置，缓慢放松下拉杆，回到起始位置。见图4-183和图4-184。

动作要领：

动作过程中保持呼吸平稳，避免屈伸过度或用力过猛；保持身体稳定，避免摇晃或使用其他肌肉群来辅助动作；注意保持肩胛骨的收缩和挤压，以确保背部肌肉得到充分刺激；控制动作的速度，尤其是在下拉和回弹的过程中。

练习规格：

每组8—12次，重复进行2—4组，每组之间休息1—2分钟。

图4-183 　　　　　　　　　　图4-184

三、下肢推动作模式

1. 杠铃颈前蹲

练习目标：

发展下肢肌肉力量。

练习方法：

站姿，将杠铃置于颈前紧扣双肩，肘部弯曲手掌向上持握杠铃，臀大肌发力下蹲至大腿与地面平行，然后通过臀部发力以及腿部蹬地充分蹬起至站立姿势。见图 4-185 和图 4-186。

动作要领：

膝关节不要超过脚尖，杜绝出现膝关节内扣的情况，保持胸部和背部挺直姿态。

练习规格：

练习 1 — 2 组，每组 6 — 8 次，组间间歇 30 秒。

图 4-185　　　　　　　　　图 4-186

2. 负重保加利亚分腿蹲

练习目标：

发展前支撑腿的臀大肌、股后肌群和股四头肌力量；发展后支撑腿臀大肌的柔韧性。

练习方法：

负重前后分腿站立，将后脚置于凳、跳箱等物体上，膝关节微屈；通过前腿的弯曲降低臀部，同时后腿膝关节不能触地呈半跪姿，停顿片刻后，前腿蹬起还原起始姿势。见图 4-187 和 4-188。

动作要领：

切勿将前腿的膝关节超过脚尖，膝关节向前运动时切勿出现外展或是内扣动作；以舒适的方式将脚尖或脚背置于卧推凳或是跳箱上。

练习规格：

练习1—2组，每组6—8次，组间间歇30秒。

图 4-187 　　　　　　　　图 4-188

3.平衡盘负重保加利亚分腿蹲

练习目标：

发展前支撑腿的臀大肌、股后肌群和股四头肌力量；发展后支撑腿臀大肌的柔韧性。

练习方法：

负重前后分腿站立，将后脚置于凳、跳箱等物体上，前脚置于平衡盘上，膝关节微屈；通过前腿的弯曲降低臀部，同时后腿膝关节不能触地呈半跪姿，停顿片刻后，前腿蹬起还原起始姿势。见图4-189和图4-190。

动作要领：

切勿将前腿的膝关节超过脚尖，膝关节向前运动时切勿出现外展或是内扣动作；以舒适的方式将脚尖或脚背置于卧推凳或是跳箱上。

练习规格：

练习1—2组，每组6—8次，组间间歇30秒。

图 4-189　　　　　　　　　　　　图 4-190

4.瑞士球负重分腿蹲

练习目标：

发展前支撑腿的臀大肌、股后肌群和股四头肌力量；发展后支撑腿臀大肌的柔韧性。

练习方法：

负重前后分腿站立，将后脚置于瑞士球上，前脚置于平地上，膝关节微屈；通过前腿的弯曲降低臀部，同时后腿膝关节不能触地呈半跪姿，停顿片刻后，前腿蹬起还原起始姿势。见图 4-191 和图 4-192。

动作要领：

前腿的膝关节尽可能不超过脚尖，膝关节向前运动时切勿出现外展或是内扣动作。

练习规格：

练习 1—2 组，每组 6—8 次，组间间歇 30 秒。

图 4-191　　　　　　　　　　　　图 4-192

5.悬吊带负重前后分腿蹲

练习目标:

发展前支撑腿的臀大肌、股后肌群和股四头肌力量;发展后支撑腿臀大肌的柔韧性。

练习方法:

负重前后分腿站立,将后脚置于悬吊带上,前脚置于平地上,膝关节微屈;通过前腿的弯曲降低臀部,同时后腿膝关节不能触地呈半跪姿,停顿片刻后,前腿蹬起还原起始姿势。见图4-193和4-194。

动作要领:

切勿将前腿的膝关节超过脚尖,膝关节向前运动时切勿出现外展或是内扣动作。

练习规格:

练习1—2组,每组6—8次,组间间歇30秒。

图 4-193 　　　　　　　　图 4-194

6.悬吊带侧向分腿蹲

练习目标:

发展支撑腿的臀大肌和股四头肌力量;发展悬吊腿的髋关节柔韧性。

练习方法:

将悬吊带的两个分支缠绕成一股,一条腿站立,另一条腿置入悬吊环并保持悬吊环垂直于地面；然后将重心置于支撑腿上，脚尖和膝关节保持向前；下蹲时膝关节不要超过脚尖，下蹲至大腿与地面平行即可。下蹲的同时悬吊腿保持直腿向侧方滑动，最后支撑腿蹬地站起，还原成准备姿势。见图4-195和图4-196。

动作要领：

下蹲时要注意动员臀大肌发力，在练习过程中保持挺胸、收腹，同时保持背部的挺直以及悬吊腿始终处于伸直状态。

练习规格：

练习1—2组，每组6—8次，组间间歇30秒。

图4-195 　　　　　　　　图4-196

四、下肢拉动作模式

1.杠铃硬拉

练习目标：

发展臀部爆发力，腿部蹬地力量和全身协调用力。

练习方法：

以基本准备姿势双手持握杠铃于膝关节下端开始，然后快速蹬地、直身，双臂保持直臂。见图4-197和图4-198。

动作要领：

注意保持腰背挺直，挺胸直臂可以有效地预防运动损伤；臀部发力，用腰部力量提拉杠铃。

练习规格：

练习1—2组，每组6—8次，组间间歇30秒。

图 4-197　　　　　　　　　　图 4-198

2. 罗马尼亚硬拉

练习目标：

发展臀肌、股后肌群和腰背肌群力量。

练习方法：

单腿站立，另一侧手臂持握杠铃或哑铃，髋部稍弯曲，放下杠铃或哑铃等器械时，非支撑腿保持直腿姿势并向后提起，通过臀肌的收紧和上体直体抬起还原成准备姿势。见图4-199和图4-200。

动作要领：

保持背部挺直以及臀部肌肉紧张，非支撑腿脚尖向下，练习过程中，上体和腿部必须同步移动，前倾时通过非支撑腿的蹬伸动作来动员臀部肌群共同发力。

练习规格：

练习1—2组，每组6—8次，组间间歇30秒。

图 4-199 　　　　　　　　　　　图 4-200

3.瑞士球收腿

练习目标：

发展腹部和肩部力量。

练习方法：

俯姿，将双脚置于瑞士球上，手臂伸直撑起，收腹，保持头、躯干、下肢处于同一平面；然后双腿同时内收，膝关节向胸部靠近，至最大限度后停顿2—3秒，再还原成起始姿势。见图4-201和图4-202。

动作要领：

注意保持腹部收紧，大腿尽力向腹部靠近。

练习规格：

练习1—2组，每组6—8次，组间间歇30秒。

图 4-201 　　　　　　　　　　　图 4-202

4.悬吊带收腿

练习目标：

发展腹部和肩部力量。

练习方法：

俯姿，将双脚分别置于悬吊带的套环中，手臂伸直撑起身体，收腹，保持头、躯干、下肢处于同一平面，然后双腿同时内收，膝关节向胸部靠近，至最大限度后停顿2—3秒，再还原成起始姿势。见图4-203和图4-204。

动作要领：

注意保持腹部收紧，大腿尽力向腹部靠近。

练习规格：

练习1—2组，每组6—8次，组间间歇30秒。

图4-203 　　　　　　　　　　图4-204

5.悬吊带屈髋

练习目标：

发展腹部和肩部力量。

练习方法：

俯姿，将双脚分别置于悬吊带的套环中，手臂伸直撑起身体，收腹，保持头、背、腿处于同一平面，然后收腹并向上提臀，停顿后还原成起始姿势。见图4-205和图4-206。

动作要领：

注意保持腹部紧张和膝关节伸直，充分屈髋提臀。

练习规格：

练习1—2组，每组6—8次，组间间歇30秒。

图4-205

图4-206

6.瑞士球屈髋

练习目标：

发展腹部和肩部力量。

练习方法：

俯姿，将双脚置于瑞士球上，手臂伸直撑起身体，收腹，保持头、背、腿处于同一平面，然后收腹并向上提臀，停顿后还原成起始姿势。见图4-207和图4-208。

动作要领：

注意保持腹部紧张和膝关节伸直，充分屈髋提臀。

练习规格：

练习1—2组，每组6—8次，组间间歇30秒。

图 4-207 　　　　　　　　　　　　图 4-208

7.瑞士球仰卧屈髋

练习目标：

发展臀部和股后肌群力量。

练习方法：

仰卧于地面，肩部着地，后脚跟置于瑞士球上，髋关节向上挺起并使肩、髋、膝关节处于同一平面，然后屈膝回拉瑞士球。拉球动作要有爆发力，且流畅、连贯、快速。见图4-209和图4-210。

动作要领：

臀大肌始终保持收紧状态，不能出现臀部下沉动作。

练习规格：

练习1—2组，每组6—8次，组间间歇30秒。

图 4-209 　　　　　　　　　　　　图 4-210

8.悬吊带仰卧屈髋

练习目标:

发展臀大肌、腰背部和股后肌群力量。

练习方法:

仰卧于地面,肩部着地,双腿分别置于悬吊带的吊环内,髋关节离开地面,使肩、髋、膝、踝关节处于同一平面,然后做快速屈拉小腿动作,即脚后跟向臀部快速移动,之后再缓慢伸直小腿还原至准备姿势。见图4-211和图4-212。

动作要领:

练习过程中,使肩、髋、膝、踝关节保持在同一平面,脚尖勾起并和胫骨方向保持一致,腹部收紧。

练习规格:

练习1—2组,每组6—8次,组间间歇30秒。

图 4-211 　　　　　　　　图 4-212

9.迷你带蚌式开合

练习目标:

强化髋外旋肌肉力量,增强骨盆、脊柱稳定性。

练习方法:

身体侧卧成中立位,头部枕在下方手臂上,上方手屈肘叉腰,双腿并拢屈膝，使足底、骨盆、头部处于同一平面。将迷你带束于髌骨下方，然后侧臀发力抬高膝盖，停顿1秒后回到初始位置。见图4-213和图4-214。

动作要领：

保持骨盆中立位、躯干中立位，下侧腰收紧。

练习规格：

练习1—2组，每组6—8次，组间间歇30秒。

图4-213　　　　　　　　　　　图4-214

10.迷你带侧卧抬腿

练习目标：

提高髋外展、内收肌肉的力量，改善下肢腿型。

练习方法：

侧卧在垫子上，髋部略微弯曲，双腿伸直、叠放在一起，并略向身体前方。将迷你带束于髌骨上方。头部枕在下方手臂上，手掌放平。上臂屈手叉腰。吸气，抬起上侧腿。呼气，放下上侧腿至原始位。见图4-215和图4-216。

动作要领：

维持骨盆、腰椎中立位。腹部肌群保持收缩，以免腰椎伸展过度。双腿始终保持伸直。

练习规格：

练习1—2组，每组6—8次，组间间歇30秒。

图4-215 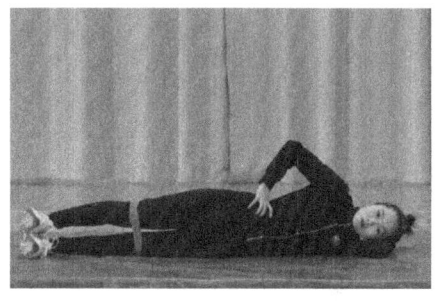　　　　　　　　　　　图4-216

11. 侧卧抬腿

练习目标：

提高髋外展、内收肌肉的力量，改善下肢腿型。

练习方法：

侧卧在垫子上，髋部略微弯曲，双腿伸直、叠放在一起并略向身体前方。头部枕在下方手臂上，手掌放平。上臂屈手叉腰。吸气，抬起上侧腿。呼气，放下上侧腿至原始位。见图4-217和图4-218。

动作要领：

维持骨盆、腰椎中立位。腹部肌群保持收缩，以免腰椎伸展过度。双腿始终保持伸直。

练习规格：

练习1—2组，每组6—8次，组间间歇30秒。

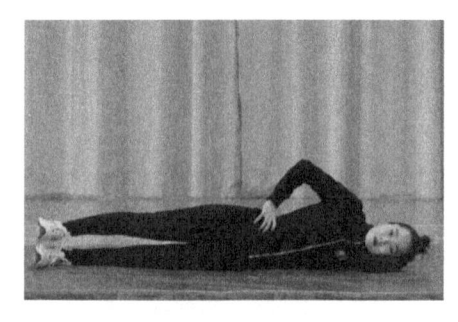

图 4-217 　　　　　　　　　　图 4-218

五、躯干动作模式训练

1. 静态俯桥

练习目标：

发展臀大肌、腰背部和股后肌群力量。

练习方法：

双脚、双臂撑于地面，使肩、髋、膝、踝关节处于同一平面；练习时，臀大肌和腹部收紧。见图4-219。

动作要领：

练习中，肩、髋、膝、踝关节保持在同一平面，脚尖勾起并和胫骨方向保持一致，腹部收紧。

练习规格：

练习1—2组，每组6—8次，组间间歇30秒。

图 4-219

2.三点支撑平板

练习目标：

发展躯干支柱力量。

练习方法：

单脚或者单臂撑于地面，双脚略分开，脚尖触地，身体呈俯桥姿势。

动作要领：

练习中，要保持臀肌、腹肌收紧，保持肩、髋、膝、踝关节处于同一平面。见图 4-220 和图 4-221。

练习规格：

练习 1—2 组，每组 30—45 秒，组间间歇 30 秒。

图 4-220 　　　　　　图 4-221

3.两点支撑

练习目标：

发展臀部、肩部、股前肌群和躯干支柱力量。

练习方法：

双脚和手臂撑于地面，双脚略分开，脚尖触地，单侧手臂向前伸展，同时对侧（或者异侧）腿上举并停顿。见图4-222。

动作要领：

练习中，要保持臀肌、腹肌收紧，身体保持稳定，克服身体在交替支撑时产生晃动和倾斜。

练习规格：

练习1—2组，每组30—45秒，组间间歇30秒。

图4-222

4.瑞士球俯桥

练习目标：

发展肩背部和躯干支柱力量。

练习方法：

手臂置于瑞士球上，双脚撑于地面，全身发力，身体收紧，保持身体稳定，避免摇晃。见图4-223。

动作要领：

练习中，要保持臀肌、腹肌和肩背部的适度紧张。

练习规格：

练习1—2组，每组30—45秒，组间间歇30秒。

图 4-223

5. 背桥

练习目标：

发展臀部和骶髂关节力量。

练习方法：

运动员背部和脚触地（双脚触地难度较低），脚尖勾起，小腿与大腿成90°角；髋部抬起，胸、髋和其中一条大腿成直线，并稳定。见图4-224和图4-225。

动作要领：

练习中，要保持臀肌紧张。

练习规格：

练习1—2组，每组30—45秒，组间间歇30秒。

图 4-224　　　　　　　　　图 4-225

6. 药球背桥

练习目标：

随着脚部支撑物高度的增加，股后肌群协同发力的成分也逐步增大。

练习方法：

单脚或者双脚支撑于药球上，脚尖勾起，小腿与大腿成 90° 角，髋部抬起，胸、髋呈一条直线并保持稳定姿势。见图 4-226 和图 4-227。

动作要领：

练习中，要保持臀肌紧张，躯干稳定。

练习规格：

练习 1—2 组，每组 30—45 秒，组间间歇 30 秒。

图 4-226　　　　　　　　　图 4-227

7.瑞士球背桥

练习目标：

随着脚部支撑物高度的增加，股后肌群协同发力的成分也逐步增大。

练习方法：

单脚或者双脚支撑于瑞士球上，脚尖勾起，小腿与大腿成90°，髋部抬起，胸、髋呈一条直线并保持稳定姿势。见图4-228和图4-229。

动作要领：

练习中，要保持臀肌紧张，躯干稳定。

练习规格：

练习1—2组，每组30—45秒，组间间歇30秒。

图4-228 　　　　　　　　　　　图4-229

8.侧桥

练习目标：

发展身体侧面肌肉和腰腹肌力量，也可通过单腿上举的姿势提高训练负荷。

练习方法：

以肘关节和脚着地，髋部侧挺起、离地，头部保持正直，颈椎、胸椎、腰椎、骶椎呈一条直线，保持稳定的身体姿态。掌握静态侧桥动作后，可在此基础上变换为单腿支撑、单腿侧上举的姿势，不断增加动作的难度和练习强度。见图4-230和图4-231。

动作要领：

躯干、臀大肌和下肢整体发力，身体呈一条直线。

练习规格：

练习1—2组，每组6—8次，组间间歇30秒。

图 4-230 　　　　　　　　　　图 4-231

9.平衡盘侧桥

练习目标：

发展身体侧面肌肉和腰腹肌力量，也可通过单腿上举的姿势提高训练负荷。

练习方法：

肘关节撑在平衡盘上，脚着地，髋部侧挺起、离地，头部保持正直，颈椎、胸椎、腰椎、骶椎呈一条直线，保持稳定的身体姿态。掌握静态侧桥动作后，可变换为单腿支撑、单腿侧上举的姿势，不断增加动作的难度和练习强度。见图4-232和图4-233。

动作要领：

躯干、臀大肌和下肢整体发力，非单腿支撑时身体呈一条直线。

练习规格：

练习1—2组，每组6—8次，组间间歇30秒。

图 4-232　　　　　　　　　　　　图 4-233

10. 药球直臂侧撑

练习目标：

发展身体侧面肌肉和腰腹肌力量，也可通过单腿上举的姿势提高训练负荷。

练习方法：

手掌撑在药球上，脚着地，髋部侧挺起、离地，头部保持正直，颈椎、胸椎、腰椎、骶椎呈一条直线，保持稳定的身体姿态。当掌握静态侧桥动作后，可再变换为单腿支撑、单腿侧上举的姿势，不断增加动作的难度和练习强度。见图 4-234 所示。

动作要领：

躯干、臀大肌和下肢整体发力，非单腿支撑时身体呈一条直线。

练习规格：

练习 1—2 组，每组 6—8 次，组间间歇 30 秒。

图 4-234

第五章　残疾人冬季两项越野滑雪运动员的恢复与再生

导语：恢复与再生训练是身体运动功能训练中的一个非常重要的组成部分。本章将简单介绍恢复与再生训练的释义和常用方法，帮助提高残疾人冬季两项越野滑雪运动员恢复的速度和质量，以期提高训练效果或使运动员在比赛中达到最佳竞技状态。

恢复与再生训练是指在训练或者比赛后有计划性地通过变换运动方式、按摩、拉伸、软组织放松等积极性的恢复练习，并配合营养物质补充、水疗等系列方法来加快运动员肌体恢复的一种训练模式。

残疾人越野滑雪属于竞技体育的一部分，运动员日常训练和比赛强度要大于普通的健身锻炼，在高强度的竞赛间歇运动员需快速有效地恢复身体。竞技能力的提升离不开科学的训练，竞技能力的可持续发展除基础训练外也离不开疲劳后的恢复，而软组织的重建与再生则会使训练和恢复事半功倍，对身体起到超量补偿的作用。

恢复与再生是通过一些训练手段，使疲劳或者将要疲劳的身体修复或维持相应的机能水平。结构性损伤如肌肉、韧带的拉伤，骨折或者断裂，则不属于恢复再生范畴，而属于康复治疗。恢复是从疲劳中缓解和复原，再生是在激烈的比赛过后快速过渡到正常的训练计划之中。主动再生是比赛之后，调整训练内容，通过简单的有氧运动以期过渡到正常训练日的安排。被动再生包括软组织放松、拉伸、水疗等方式。

一、恢复与再生训练的原理

训练前的肌肉唤醒、激活和训练后的梳理、放松。在训练前要激活和唤醒筋膜进行运动应激；训练后帮助运动员梳理肌筋膜，促进血液循环，恢复肌肉正常工作状态。

二、恢复与再生训练的内容

（一）筋膜球激活、放松
1.筋膜球激活、放松足底筋膜
练习目标：

激活、放松足底筋膜，预防足底筋膜疼痛，提升运动表现。

练习方法：

两腿开立，单脚踩在筋膜球上，由脚掌慢慢向脚后跟过渡，再由脚后跟方向向脚掌过渡，在肌肉筋膜酸痛点停留一定时间。见图5-1和图5-2。

动作要领：

可反复多次激活、放松筋膜酸痛点。

练习规格：

每组20—30秒，做3—6组。

图 5-1 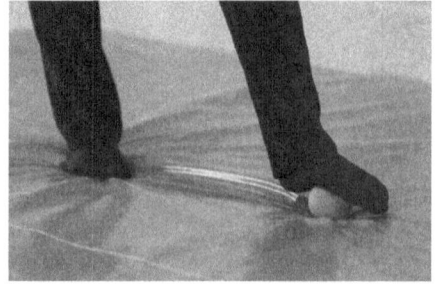　　　　　　　　　　　图 5-2

2. 筋膜球激活、放松阔筋膜张肌

练习目标：

激活、放松阔筋膜张肌，改善髋关节灵活性，预防损伤，提升运动表现。

练习方法：左侧卧，左腿伸直，将筋膜球置于阔筋膜肌处，右腿屈膝交叉放于左腿前侧，左手臂呈弯曲90°姿势支撑身体，在肌肉筋膜酸痛点停留一定时间。见图5-3和图5-4。

动作要领：

通过移动手臂支撑位置，可反复多次激活、放松筋膜酸痛点。

练习规格：

30秒左右交替，1分钟左右交替，做3—6组。

图 5-3 　　　　　　　　　　　图 5-4

3.筋膜球激活、放松大腿内侧肌群

练习目标：

激活、放松大腿内侧肌群，改善髋关节灵活性，提升运动表现。

练习方法：

俯身趴在垫子上，将筋膜球置于右侧大腿内侧靠近膝关节下方。调整筋膜球的位置至肌肉筋膜酸痛点，停留一定时间，通过调整屈腿，滚动增加按摩强度。见图5-5和图5-6。

动作要领：

可反复多次激活、放松筋膜酸痛点。

练习规格：

30秒左右交替，1分钟左右交替，做3—6组。

图 5-5　　　　　　　　图 5-6

4.筋膜球激活、放松臀部肌群

练习目标：

激活、放松臀部肌群，改善髋关节灵活性，提升运动表现。

练习方法：

略微屈髋屈膝坐在筋膜球上，在肌肉筋膜酸痛点停留一定时间。见图5-7和图5-8。

动作要领：

可反复多次激活、放松筋膜酸痛点。

练习规格：

30秒左右交替，1分钟左右交替，做3—6组。

图 5-7　　　　　　　　　　　　图 5-8

5.筋膜球激活、放松竖脊肌

练习目标：

激活、放松竖脊肌肌群，改善脊柱腰背灵活性，提升运动表现。

练习方法：

屈膝仰卧在垫子上，将筋膜球置于背部竖脊肌处。将球放置在不同脊柱部位，双手抱头，缓慢上卷脊柱至酸痛点；调整筋膜球的位置，重复脊柱卷动作。每个点停留一定时间，如此重复，直至肌肉放松。见图5-9至图5-12。

动作要领：

可反复多次激活、放松筋膜酸痛点。

练习规格：

30秒左右交替，1分钟左右交替，做3—6组。

图 5-9 　　　　　　　　　　　　图 5-10

图 5-11 　　　　　　　　　　　　图 5-12

6.膜球激活、放松胸大肌、胸小肌

练习目标：

激活、放松胸大肌、胸小肌，预防肩部损伤，改善圆肩驼背，提升运动表现。

练习方法：

俯身趴在垫子上，将按摩球置于右侧胸大肌附着点处，在腋窝上方。调整位置到肌肉筋膜酸痛点，停留一定时间，通过摆动右臂增加按摩强度。见图5-13和图5-14。

动作要领：

可反复多次激活、放松筋膜酸痛点。

练习规格：

30秒左右交替，1分钟左右交替，做3—6组。

图 5-13 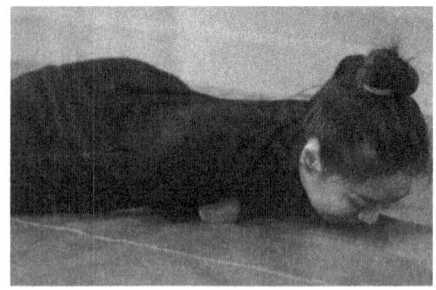　　　　　　　　　　　　图 5-14

（二）泡沫轴激活、放松肌肉

1. 泡沫轴激活、放松小腿三头肌

练习目标：

放松小腿三头肌，预防运动损伤，提升运动表现。

练习方法：

坐在垫子上，将泡沫轴置于小腿后侧，左腿搭在右腿上方，双臂向后支撑，背部挺直，腹部收紧。双手推地带动身体移动，泡沫轴从小腿跟腱处缓慢滚动至腘窝处，缓慢滚动，在酸痛处停留一定时间，如此重复，直至肌肉放松。见图 5-15 和图 5-16。

动作要领：

可反复多次激活、放松筋膜酸痛点。

练习规格：

每组拉伸 20 — 30 秒，做 3 — 6 组。

图 5-15 　　　　　　　　　　　　图 5-16

2.泡沫轴激活、放松腓骨外侧肌群

练习目标：

激活、放松腓骨长短肌，缓解腓骨长短肌紧张，提升运动表现。

练习方法：

呈侧卧姿在垫子上，泡沫轴置于腓骨外侧下，用肘和泡沫轴支撑全身重量。自踝关节至膝关节外侧上下滚动泡沫轴，然后换对侧进行相同练习。见图5-17和图5-18。

动作要领：

可反复多次激活、放松筋膜酸痛点。

练习规格：

每组滚动20—30秒，做3—6组。

图5-17

图5-18

3.泡沫轴激活、放松胫骨前肌

练习目标：

激活、放松胫骨前肌，缓解胫骨前肌紧张，提升运动表现。

练习方法：

形成四点支撑姿势，泡沫轴置于小腿下（1/3处），背部伸直。小腿向胸部收紧，泡沫轴自踝关节向膝关节前后滚动，持续一定时间。见图5-19和图5-20。

动作要领：

可反复多次激活、放松筋膜酸痛点。

练习规格：

每组滚动20—30秒，做3—6组。

图 5-19　　　　　　　　　　图 5-20

4.泡沫轴激活、放松腘绳肌

练习目标：

激活、放松腘绳肌，缓解腘绳肌紧张，提升运动表现。

练习方法：

坐在地毯上，泡沫轴放于左腿膝关节下方上，右腿置于左腿上。双手撑地，沿大腿后部自臀部至膝关节后部上下滚动泡沫轴，持续一定时间后，换至对侧进行相同练习。见图5-21和图5-22。

动作要领：

可反复多次激活、放松筋膜酸痛点。

练习规格：

每组拉伸20—30秒，做3—6组。

图 5-21　　　　　　　　　　　　图 5-22

5.泡沫轴激活、放松股四头肌

练习目标：

激活、放松股四头肌，提升运动表现。

练习方法：

俯卧于垫子上，将泡沫轴放于股四头肌处，左腿置于右腿上，缓慢小范围上下滚动，重复10次并找到疼痛点，换至对侧进行相同练习。见图5-23和图5-24。

动作要领：

可反复多次激活、放松筋膜酸痛点。

练习规格：

每组拉伸20—30秒，做3—6组。

图 5-23　　　　　　　　　　　　图 5-24

6.泡沫轴激活、放松大腿内侧肌群

练习目标：

激活、放松大腿内侧肌群，提升运动表现。

练习方法：

俯卧于垫子上，右腿外展分开，泡沫轴置于右腿膝部内侧上方。缓慢屈膝、伸膝，重复10次并找到疼痛点，换至对侧进行相同练习。见图5-25和图5-26。

动作要领：

可反复多次激活、放松筋膜酸痛点。

练习规格：

每组滚动20—30秒，做3—6组。

图 5-25

图 5-26

7.泡沫轴激活、放松侧腰部

练习目标：

激活、放松侧腰部，提升运动表现。

练习方法：

仰卧于地板上，泡沫轴置于胸廓以下的腰部，身体与地面成45°角。自胸廓后下至骨盆上缘来回滚动持续一定时间，换对侧进行相同练习。见图5-27和图5-28。

动作要领：

可反复多次激活、放松筋膜酸痛点。

练习规格：

每组拉伸20—30秒，做3—6组。

图 5-27　　　　　　　　　　图 5-28

8. 泡沫轴激活、放松上背部

练习目标：

激活、放松上背部紧张，提升运动表现。

练习方法：

仰卧于垫子上，泡沫轴置于背部，双手置于头后，保持肘关节并拢。自胸廓下部至肩胛骨上部来回滚动，持续一定时间。见图5-29和图5-30。

动作要领：

可反复多次激活、放松筋膜酸痛点。

练习规格：

每组拉伸20—30秒，做3—6组。

图 5-29 　　　　　　　　　　　图 5-30

9.泡沫轴激活、放松背阔肌

练习目标：

激活、放松背阔肌，提升运动表现。

练习方法：

侧卧于垫子上，身体与地面垂直。泡沫轴置于一侧胸廓下方。自腋下至胸廓下方来回滚动，持续一定时间，换对侧进行相同练习。见图5-31和图5-32。

动作要领：

可反复多次激活、放松筋膜酸痛点。

练习规格：

每组拉伸20—30秒，做3—6组。

图 5-31 　　　　　　　　　　　图 5-32

10.泡沫轴激活、放松肱二头肌

练习目标:

激活、放松肱二头肌,提升运动表现。

练习方法:

跪姿俯卧于垫子上,一侧手臂侧伸并将泡沫轴置于侧伸手臂的肱二头肌处,然后滚动,持续一定时间后换对侧练习。见图5-33和图5-34。

动作要领:

可反复多次激活、放松筋膜酸痛点。

练习规格:

每组滚动20—30秒,做3—6组。

图 5-33    图 5-34

11.泡沫轴激活、放松下背部肌群

练习目标:

激活、放松下背部肌群,提升运动表现。

练习方法:

仰卧于垫子上,泡沫轴置于胸廓以下的腰部,自胸廓后下至骨盆上缘来回滚动,持续一定时间。见图5-35和图5-36。

动作要领:

可反复多次激活、放松筋膜酸痛点。

练习规格：

每组滚动20—30秒，做3—6组。

图 5-35 　　　　　　　　　　图 5-36

12.泡沫轴激活、放松臀部肌群

练习目标：

激活、放松臀部肌群，提升运动表现。

练习方法：

坐于垫子上，泡沫轴置于臀大肌中部（骶髂关节与大转子中点），以左侧为例，右腿脚踝放于左腿膝盖处，身体稍往左侧偏移，将重量集中于左侧臀肌处，小范围滚动持续一定时间，然后换对侧。见图5-37和图5-38。

动作要领：

可反复多次激活、放松筋膜酸痛点。

练习规格：

每组滚动20—30秒，做3—6组。

图 5-37 　　　　　　　　　　　图 5-38

（三）弹力带或徒手拉伸

1. 弹力带拉伸腓肠肌

练习目标：

激活、放松腓肠肌，缓解腓肠肌紧张，改善肌肉的灵活性，提升运动表现。

练习方法：

仰卧在垫子上，将弹力带踩在脚下，双手握住弹力带用力拉伸使大腿上抬，达到最大高度，保持静止。见图 5-39 和图 5-40。

动作要领：

可反复多次拉伸肌肉酸痛点。

练习规格：

每组拉伸 20 — 30 秒，做 3 — 6 组。

图 5-39 　　　　　　　　　　　图 5-40

2.弹力带拉伸臀部肌群

练习目标:

缓解臀部肌肉紧张。

练习方法:

仰卧在垫子上,将弹力带踩在脚下,双手握住弹力带用力拉伸使练习者屈膝屈髋,保持静止。见图5-41。

动作要领:

可反复多次拉伸肌肉酸痛点。

练习规格:

每组拉伸20—30秒,做3—6组。

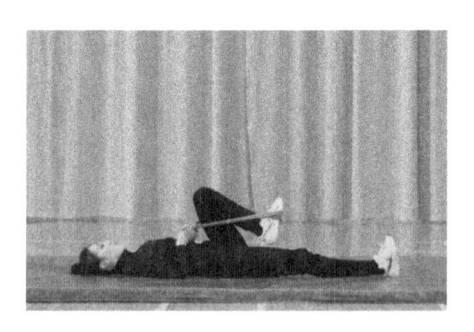

图 5-41

3.弹力带拉伸大腿后侧肌

练习目标:

缓解大腿后侧肌肉紧张。

练习方法:

呈仰卧姿势在垫子上,将弹力带踩在脚下,双手握住弹力带用力拉伸,在屈膝屈髋的基础上最大限度使腿伸直,保持静止。见图5-42和图5-43。

动作要领：

可反复多次拉伸肌肉酸痛点。

练习规格：

每组拉伸20—30秒，做3—6组。

图 5-42　　　　　　　　　　图 5-43

4. 弹力带拉伸腘绳肌

练习目标：

缓解腘绳肌肌肉紧张。

练习方法：

呈仰卧位，双腿伸直，将弹力带踩在一侧脚下，双手握住弹力带用力拉伸，使大腿上抬至60°（与地面夹角），静止一段时间后，拉伸至90°（与地面夹角），保持静止。见图5-44和图5-45。

动作要领：

可反复多次拉伸肌肉酸痛点。

练习规格：

每组拉伸20—30秒，做3—6组。

图 5-44　　　　　　　　　　　图 5-45

5. 弹力带拉伸髂胫束

练习目标：

缓解髂胫束肌肉紧张。

练习方法：

呈仰卧位，一手外展与身体成90°角，将弹力带踩在同侧腿脚下，一手握住弹力带，勾脚尖，保持静止；然后拉伸弹力带，使腿抬高并做内收动作至最大限度，仍保持静止。见图5-46和图5-47。

动作要领：

可反复多次拉伸肌肉酸痛点。

练习规格：

每组拉伸20—30秒，做3—6组。

图 5-46　　　　　　　　　　　图 5-47

6.弹力带拉伸内收肌

练习目标：

缓解内收肌肉紧张。

练习方法：

呈仰卧位，将弹力带踩在一侧脚下，同侧手握住弹力带用力拉伸，使腿外展至最大限度，保持静止。见图5-48和图5-49。

动作要领：

可反复多次拉伸肌肉酸痛点。

练习规格：

每组拉伸20—30秒，做3—6组。

图 5-48 　　　　　　　　　　　图 5-49

7.徒手拉伸髂腰肌

练习目标：

缓解髂腰肌肉紧张。

练习方法：

前后分腿呈跪姿，大腿与小腿夹角成90°，保持稳定，双脚不动，身体向前移动拉伸髂腰肌。见图5-50和图5-51。

动作要领：

可反复多次拉伸肌肉酸痛点。

练习规格：

每组拉伸20—30秒，做3—6组。

图 5-50　　　　　　　　　图 5-51

8. 主动拉伸比目鱼肌

练习目标：

牵拉比目鱼肌。

练习方法：

呈坐姿，两腿屈髋屈膝，一腿盘腿自然放松，双手自然放在脚踝处，另一条腿大腿上抬，大腿与小腿夹角趋于90°，脚后跟点地，脚尖回勾，保持稳定。见图5-52。

动作要领：

腰背挺直，保持足背屈稳定。

练习规格：

每组拉伸20—30秒，做3—6组。

图 5-52

9.被动拉伸比目鱼肌

练习目标：

牵拉比目鱼肌。

练习方法：

呈坐姿，两腿屈髋屈膝，一腿盘腿自然放松，另一条腿大腿上抬，大腿与小腿夹角趋于90°，脚后跟点地，双手抓住脚尖使其回勾，保持稳定。见图5-53。

动作要领：

腰背挺直，保持足背屈稳定。

练习规格：

每组拉伸20—30秒，做3—6组。

图 5-53

10.徒手拉伸胸大肌

练习目标：

牵拉胸大肌。

练习方法：

前后分腿站立，膝盖略微弯曲，双臂前平举手心朝上，保持手臂伸直，双臂向两侧打开后振扩胸一次，然后再回到前举姿势。见图5-54和图5-55。

动作要领：

肩部放松，手臂始终保持伸直状态。

练习规格：

每组拉伸20次，做3—6组。

图 5-54 　　　　　　　　图 5-55

11. 弹力带拉伸肱三头肌

练习目标：

增加肱三头肌及肩袖的柔韧性。

练习方法：

呈站姿，右手握住弹力带，放于颈部后面，使肘关节向上。左手握住弹力带另一端，放于腰部后面，掌心向外。左手向下发力拉伸右手。感受肱三头肌、背阔肌及双肩三角肌前束拉伸。见图5-56和图5-57。

动作要领：

肩胛骨放松，保持肩关节稳定。

练习规格：

每组拉伸20—30秒，做3—6组。

图 5-56 　　　　　　　　　　图 5-57

12. 泡沫轴拉伸背部肌肉

练习目标：

牵拉背阔肌，提高关节活动度和柔韧性。

练习方法：

练习者跪坐在垫子上，双手扶住泡沫轴，手臂伸直将泡沫轴向前滚动，躯干前倾，使手臂和躯干在一个平面上。见图5-58和图5-59。

动作要领：

背部保持直立，手臂伸直。

练习规格：

每组拉伸20—30秒，做3—6组。

图 5-58 　　　　　　　　　　图 5-59

第六章 残疾人冬季两项越野滑雪运动员的体能训练设计

导语： 本章重点介绍了残疾人冬季两项越野滑雪运动员的身体运动功能训练起始状态的测试和计划设计，为科学安排制定训练计划和监控残疾人冬季两项越野滑雪运动员训练过程提供参考。

第一节 运动员起始状态测试

残疾人冬季两项越野滑雪运动员因其身体的特殊性，测试的具体内容会有所不同。测试的目的是获得运动员的相关数据，评估其当前的情况，为后续训练计划的制定提供科学的依据，同时也是过程性评价和结果性评价的依据。经过北京冬奥会的备战，目前残疾人冬季两项越野滑雪运动员起始状态测试常用的内容包括功能动作筛查、选择性功能动作筛查以及专项体能测试。本节重点介绍选择性功能动作评估和专项体能测试的内容。

一、选择性功能动作评估

选择性功能动作评估是一种用来测量与动作模式有关的疼痛和功能不良的动作评估方法。每个选择性功能动作评估结果以"是否具有正常功能"和"是否疼痛"两个维度来衡量。通常由F(功能正常)、P(疼痛)、D(功能不良)、N(无痛)组合成四种不同的评估结果：FN(功能正常和无痛)；FP(功能正常和疼痛)；DN(功能不良和无痛)；DP(功能不良和疼痛)。以下是选择性功能动作基础评估动作名称、要求和图片示例。

(一)主动颈椎屈曲

测试要求：用下颌接触胸骨，动作过程中躯干应处于正常位，嘴闭合。见图6-1。

图6-1

(二)主动颈椎伸展

测试要求：抬头向上看，面部和天花板平行，嘴闭合。见图6-2。

图 6-2

（三）颈椎旋转

测试要求：尽可能地向右（左）侧转动头部，同时下颌接触锁骨中部。见图 6-3。

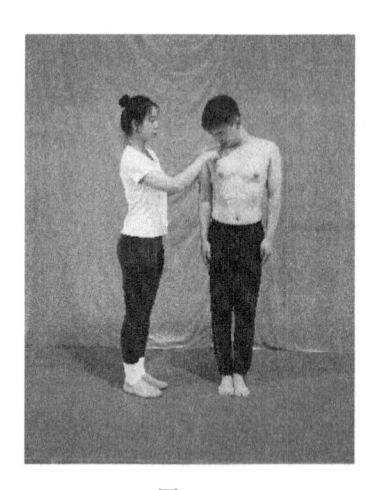

图 6-3

（四）上肢模式（1）

测试要求：受试者用右手触摸左侧肩胛骨下角。测试人员将手放在受试者实际触摸的地方，比较这个点和左手触摸点是否一致，如果某一侧不能触摸到肩胛骨下角，记录该点与肩胛骨下角之间的距离。见图6-4。

图 6-4

（五）上肢模式（2）

测试要求：受试者右手过头上举，触摸左侧肩胛骨上角。测试人员将手放在受试者实际触摸的地方，比较这个点和左手触摸点是否一致，如果某一侧不能触摸到肩胛骨上角，记录该点与肩胛骨上角之间的距离。见图6-5。

图 6-5

（六）多部位屈曲

测试要求：受试者直立，双脚并拢，形成起始姿势；受试者体前屈，双手指尖触摸脚尖，在动作过程中，膝关节不能弯曲。见图6-6。

图 6-6

（七）多部位伸展

测试要求：受试者直立，双脚并拢，形成起始姿势；受试者双手直臂举过头顶，掌心向前，双肘与双耳在同一冠状面；受试者尽可能做体后屈，双髋前倾，双臂向后移动伸展；肩胛骨上角应超过双脚脚后跟，髂前上棘超过双脚脚尖。见图6-7。

图 6-7

（八）多部位旋转

测试要求：受试者直立，双脚并拢，形成起始姿势；双手置于体侧，掌心向前；受试者向右侧尽可能地转动双髋、双肩和头部，但双脚姿势应保持不动。测试人员站在受试者正后方能够看到其左肩。完成后，测试另一侧。见图6-8。

图 6-8

（九）单腿站立

测试要求：受试者直立，双脚并拢，形成起始姿势；双手置于体侧，然后抬右腿，保持髋关节和膝关节夹角为90°。保持该姿势10秒钟，然后闭眼重复该动作10秒钟。完成后，测试另一侧腿。见图6-9。

图 6-9

（十）高举深蹲

测试要求：受试者两脚内侧缘与双肩的外侧缘应保持在同一垂线上，形成起始姿势。双脚脚尖指向正前方；双臂上举过头，然后尽可能深蹲；深蹲姿势应该为双脚脚跟着地，头部和胸部朝前。见图6-10。

图 6-10

二、专项体能测试

残疾人越野滑雪是一项体能主导类的运动，运动员在比赛中竞技水平的发挥都是以体能为基础，平道时需要运动员持续的肌肉耐力，上坡时需要有足够的绝对力量，而下坡时则对灵敏素质和协调素质要求较高。因残疾情况的不同，坐姿和站姿以及视障越野滑雪运动员的专项体能测试内容有一定的区别。目前国家队常用的专项体能测试内容见表6-1。

表6-1 残疾人越野滑雪运动员专项体能测试内容

残疾类型	测试内容										
坐姿	坐位体前屈	反手摸背	引体向上	曲臂悬垂	腹肌相对力量	卧推相对力量	背肌耐力	10千米	15千米轮椅滑行	—	—	—
站姿	坐位体前屈	腹肌耐力	垂直纵跳	深蹲相对力量	单臂卧推相对力量	背肌耐力	深蹲	30米冲刺	500米轮滑	3000米跑	越野登坡跑	
视障	坐位体前屈	腹肌耐力	垂直纵跳	深蹲相对力量	引体向上	卧推相对力量	背肌耐力	深蹲	30米冲刺	500米轮滑	3000米跑	越野登坡跑

第二节 身体运动功能训练计划制定

一、训练计划制定

残疾人冬季两项越野滑雪项目训练计划的制定需要结合残疾等级和项目特点有针对性地进行设计。有计划地进行训练是增强运动员技战术和专项能力的物质基础，也能够预防运动损伤和恶劣天气带来的各种疾病。残疾人冬季两项越野滑雪对运动员的力量、速度、耐力、柔韧、心理各方面素质的要求都很高，在制定训练计划时，除了要遵循相关原则外，也要综合统筹设计。现以年度训练计划制定为例，详述如下。

（一）年度训练计划及目的

年度训练计划的每个大训练周期都由几个连续的月周期组成，每个月周期一般由四个星期组成。每个月周期的训练负荷量要保证有一个适度的增加。

第一个大周期对运动员来说是十分重要的，要集中进行有氧能力的训练。同时要进行力量训练，先增加肌肉量，然后才能进行肌肉耐力或爆发力的训练。

第二个大周期要集中安排肌肉的力量训练，提高肌肉的力量耐力和最大力量，之后可以进行爆发力的训练。

第三个大周期仍需进行有氧训练，以便为重要的比赛做好准备。本周期的训练目的是提高无氧供能的能力，要完成爆发力和速度的训练以适应高峰期比赛的要求。

第四个周期是顶峰期，也是重要的比赛期。本期的目的是必须保持住前三个周期所获得的能力，让运动员的心理状态和生理机能均达到最佳水准，进而在比赛中获得优异的运动成绩。

（二）具体训练计划

1.第一个大周期

第一个大周期由四个月周期组成，每个月周期前三周的训练负荷要逐渐增加，第四周是调整周。本训练周期是专门针对有氧供能系统进行训练的阶段。要充分利用这个训练周期，努力提高运动员的有氧耐力水平，为下一个周期其他方面的训练打好基础。

（1）肌肉力量

肌肉系统的训练是要发展越野滑雪所必需的力量。要先安排发展力量的训练，然后再进行耐力训练。要根据残疾人的不同级别，选择5—6组关键的肌群进行力量训练。此阶段的力量练习应该注重发展绝对力量，多采用负重抗阻练习，增肌纤维面积和收缩力量。力量训练要遵循循序渐进的原则，负荷持续递增。

（2）能量供应系统

第一个周期处于长距离低强度的训练，站姿、视障、听障队员选择滑轮或越野跑，在滑轮训练时，采用长时间同时推进与长时间持续进行模仿跑、跳、走多种训练方式相互交替。坐姿队员要练习公路轮椅滑行，主要发展上肢的有氧耐力。依据场地自然起伏的地形所产生的间歇训练效果，整个周期的训练时间每次持续在3—4小时，或者在山地做4小时或更长时间的练习，使有氧能力得到充分发展。在室内可采用跑台和一般形式的辅助训练等。第一个大周期进行供能系统训练的主要目的是提高慢肌纤维有氧氧化酶的活性，即提高有氧供能的能力。见表6-2。

表6-2 第一大周期训练安排

训练内容	每周次数	最大心率百分比	训练手段
长距离低强度（2小时以上）	1	70	轮滑、轮椅滑行
陡坡	1—2	80	长跑、轮椅滑行
自然地形	1	70—85	模仿走、轮椅滑行
法特莱克	1	70—85	模仿跑、轮椅滑行
中等距离	1	80	模仿跨跳、轮椅滑行

2. 第二个大周期

本周期的主要任务是通过训练提高运动员的无氧阈水平。

（1）肌肉力量

下肢的练习：除了一般力量练习，在制定训练计划时应安排利用器械或者做单足专项模仿侧向跳来发展大腿的股四头肌、缝匠肌以及小腿相应的肌群，以便改善自由式滑行所要求的特殊的侧向蹬动力量，以促进掌握下坡的技巧。

躯干的练习：本周期要进行更多的训练，如负重的仰卧起坐、两头起等都是很典型的腹肌训练手段，要鼓励运动员尽全力高质量地完成更多组数的练习。

上肢的练习：越野滑雪尤其是坐姿，上肢必须具备强大的力量，这就需要运动员有发达的专项肌群以满足滑行时力量、耐力和爆发力的要求。除了一般练习外，还可以运用许多器械练习。

（2）能量供应系统

在本周期的开始阶段，就可以集中进行肌肉的爆发力和耐力训练。手段应采用多种形式的在适度的阻力下做快速的重复训练。由于长时间的耐力训练要求以有氧供能系统的训练作为基础，所以站姿、视障、听障队员应安排超长距离的滑轮训练或大跨步、模仿跳等内容，坐姿队员应安排模拟练习器械训练、轮椅滑行，使爆发力和耐力成为本周期肌肉系统训练的核心。由于这两种力量的训练可运用基本相同的重复次数，所以爆发力和较短时间的耐力训练可以结合在一起进行，其方法是每组练习15—25次，共完成3组，具体的安排可根据不同残疾等级进行器械练习，增进滑雪运动所需的专项肌群的爆发力和耐力水平。见表6-3。

表6-3 第二大周期训练安排

训练内容	每周次数	最大心率百分比	训练手段
长距离低强度（2小时以上）	1	90—95	轮滑或滑雪、轮椅滑行
法特莱克	1—2	80—90	长跑、轮椅滑行
自然地形	1	70—90	模仿走、轮椅滑行
有氧间歇	2	70—90	模仿跑、轮椅滑行
节奏训练	1	90	模仿跨跳、轮椅滑行
快速短距离	1	90	模仿跑、轮椅滑行

3.第三个大周期

本周期要进一步巩固前两个训练周期所获得的能力，为下一个训练周期做好充分准备。

（1）能量供应系统

通过前两个周期的训练，运动员已获得了一定的有氧和无氧能力基础，所以在本周期可以对运动员进行大量的无氧训练。越野滑雪是一项周期性耐力性运动项目，但由于在比赛的开始、上坡、起伏的地形间以及临近终点前的全速冲刺阶段均需激烈的无氧供能，故需提高运动员的无氧运动能力。

本周期还需进行有氧运动训练。由于教学比赛和高强度的训练，因此要适当地减少训练总量并相应地增加休息时间。最佳的比赛成绩应当出现在最大运动量训练并经调整使疲劳基本消除之后，所以高峰期的训练应当安排在重大比赛之前的1—2周。由于无氧训练需要进行6—8周的时间才能取得最佳的训练效果，故无氧训练只能安排在重大比赛之前1—2周的6周内进行。

（2）速度练习

为了挖掘运动员速度潜力，需让运动员用指定的滑行技术在线路上以尽可能快的速度完成200米以上距离的滑行，且要求运动员的滑行速度每周都要小幅度地提高，这种练习可安排在略有下坡的线路上，进行多次重复的训练。要逐步提高运动员对比赛环境的适应能力并增强其取胜的信心。

（3）肌肉力量

要保持力量训练的负荷强度，负荷量可适当减少。每周要安排保持重要肌群爆发力和耐力的练习，在进行比赛训练的同时，可安排保持各专项肌群爆发力和耐力的训练。如果在1月份的训练计划中有激烈的比赛，那么每周要有3天的训练内容以进行爆发力和耐力的训练，且这种安排要贯穿在第三周期训练的全过程。但比赛的前几天禁止进行任何高强度的爆发力训练。见表6-4。

表6-4 第三大周期训练安排

训练内容	每周次数	最大心率百分比	训练手段
中等间歇	2	95	滑雪
短间歇	1—2	100	滑雪
全速	1	100	滑雪
教学比赛			
长距离慢速	1	90	滑雪
短距离快速	1	90	滑雪
中等距离	1	90	滑雪
山地	1	80	滑雪

4. 第四个大周期

经过前三个周期的训练，运动员的能量供应和肌肉系统以及专项技术和心理已经达到了良好状态，为取得优异运动成绩所需的各方面的准备均已处于顶峰阶段。因此，该阶段应使运动员在获得更充分休息的前提下进行适度训练，以保持运动员身体健康和良好的竞技状态。

（1）能量供应系统

第四周期也是比赛季节，训练的原则是把运动员的训练负荷降下来。在赛前3—5天要进行一次速度和发展速度的训练，长距离滑行的距离、慢速滑行的速度由运动员根据自己的实际情况来确定。

在本周期内休息和恢复是至关重要的，千万不能盲目追求运动成绩，而浪费整整一年的训练时间和所付出的辛苦。另外，为了解运动员在训练之后的恢复情况，要坚持检查运动员的每天晨起脉搏，并管理好运动员的睡眠。

如果有两次训练比赛，则必须在两次比赛中间安排充分休息的时间或进行节奏训练的时间。一定要避免可引起运动员精疲力竭的无氧间歇训练，因为赛季期运动员充分的休息对获得优异的运动成绩是至关重要的。

（2）肌肉力量

第四周期肌肉力量训练要保持通过前三个周期训练运动员所获得的主要专项运动肌群的爆发力、耐力和力量以及动作速度，为此每周要安排一定的时间进行保持上述能力的训练。

在本周期内要保持上肢、下肢、躯干的机能，应根据以往的训练数据来确定运动员的力量、爆发力和耐力水平是否确实保持在第二周期的水平上。如果没有达到这个标准，教练员需另外制定训练计划，使运动员的上述能力得以恢复和保持，同时要兼顾休息，防止过度疲劳的产生。见表6-5。

表6-5　第四大周期训练安排

训练内容	每周次数	最大心率百分比	训练手段
长距离慢速	1	70—85	滑雪
节奏训练	1—2	80	滑雪
自然间歇	1—2	80	滑雪
中等距离	1	90	滑雪
山地	1	80	滑雪

5.比赛周的训练

当进入比赛期，运动员的体能达到或接近自己的最佳水平时，体能训练的目标就是要尽可能长时间地保持体能的最佳状态。该阶段体能训练应以低强度低负荷为主，以保证运动员能以最佳体能状态完成比赛。

（1）能量供应系统

运动员正式进入比赛期，通过一周较低强度的专项耐力训练，一方面可保证自身专项耐力的保持，另一方面可通过一定量的有氧训练，消除掉代谢产物。

（2）肌肉力量

在这一阶段，为了维持现有力量水平，应多采用负重较小的训练，切忌进行大重量、大负荷力量训练，加重身体负担，影响竞技水平。见表6-6。

表6-6　比赛周训练安排

星期	训练内容
周一	轻松滑雪、慢跑
周二	间歇或节奏训练
周三	长距离滑雪、慢跑
周四	自然间歇滑雪练习
周五	轻松滑雪、慢跑
周六、日	比赛或进行节奏训练

二、训练效果评估

（一）评估的目的

在科学地进行周期训练的过程中，要对训练的过程实施监测，以判断是否通过训练，达到了理想的训练效果。随着智能化体育训练技术的不断发展，采用智能数字化分析和量化分析方法，进行运动员体能训练效果评价，提高运动员训练效果评估的准确性。结合大数据信息分析方法，进行运动员体能训练评估，根据参数寻优结果进行运动员体能训练效果的优化评估，得出有效结论，并有利于教练员对未来周期的训练目标进行适当的调整。

（二）评估内容设定的依据

根据项目特点，残疾人越野滑雪运动员在比赛中的身体供能主要采用有氧和无氧相结合的方式，其中以有氧供能为主，无氧供能为辅。这是由比赛性质所决定。运动员具备良好的有氧供能能力不仅可以加快有效的供能，还可以消除上坡阶段产生的乳酸，补充身体所缺的磷酸肌酸，从而利用肌肉中对于糖原的储存来维持比赛对机体的消耗。

越野滑雪为周期性长距离项目，良好的体能是保持高竞技能力的重要因素。残疾人运动员的技术动作在疲劳阶段、赛程的冲刺阶段容易发生变形，因此对技术动作的合理性与稳定性的评估，也是对运动员在比赛过程中是否保持了良好体能的一种验证。

（三）评估的方法

1.测试仪器和项目

（1）身体机能测试：用身体机能测试系统 Omega Wave 和 Catapult 训练监控设备，项目包括最大摄氧量、无氧阈和心率。生理生化主要依靠血球计数仪、半自动生化分析仪和全自动化学发光免疫检测仪及试剂，主要测试指标包括血红蛋白、肌酸激酶、血尿素。

（2）运动素质测试：根据不同残疾级别，分别进行不同项目测试。坐姿运动员：坐位体前屈、反手摸背、引体向上、曲臂悬垂、腹肌耐力、卧推相对力量、背肌耐力，10千米、15千米轮椅滑行。

站姿运动员：坐位体前屈、腹肌耐力、垂直纵跳、深蹲相对力量、单臂卧推相对力量、背肌耐力、深蹲、30米冲刺、500米轮滑、3000米跑、越野登坡跑。

视障运动员：坐位体前屈、腹肌耐力、垂直纵跳、深蹲相对力量、引体向上、卧推相对力量、背肌耐力、深蹲、30米冲刺、500米轮滑、3000米跑、越野登坡跑。

（3）运动学测试：4台 JVC GC-PX10AC 型号的摄像机、5个三脚架、

DLT定标辐射框架、笔记本电脑、数据线若干、Virtual Dub 视频剪辑软件、Simi Motion运动解析软件等，对运动员的全程技术动作进行测试。

结合站姿运动员、坐姿运动员、视障运动员不同级别越野滑雪双杖推撑技术动作特征与需要，选取与技术密切相关的运动学参数：时间参数、速度参数、位移参数、角度参数，对各参数进行分析。

时间参数：根据技术动作阶段划分，获得各个阶段的持续时间，以此来反映各动作阶段持续时间的长短。各阶段的时间计算方式为结束时刻与起始时刻时间的差值，结合各阶段的时间特征计算完成技术动作的总时间。

速度参数：运动员完成整个技术周期动作过程中雪橇的速度参数，反映的是速度变化情况。

位移参数：雪橇在两个不同的时间点所移动的距离。撑杖的角速度参数是指撑杖与垂直运动方向的夹角在单位时间内所走的弧度。

角度参数：空间两向量之间的夹角，反映了完成技术动作过程中人体的姿态和身体各环节相对位置的具体关系。

2.测试时间

测试时间点以周期训练的时间节点为依据，分为：第一个大周期的起始和结束、第二个大周期结束、第三个大周期结束、第四个大周期期间（赛前两周），共进行四次评估测试。每个大周期有不同的训练目的，根据训练的目的和重点选择适当的评估内容进行测试，进一步验证本阶段的训练是否达到了理想的训练效果。

（1）第一个大周期的起始和结束

本周期的目的首先要使得肌肉大量增加，穿插着集中进行有氧能力的训练。因此测试项目要注重力量指标和反映有氧耐力的指标。在第一周期的开始阶段就进行第一次检测，可以检验第一周期的训练效果，从起始阶段进行检测也为后面周期的测试提供了起始状态的参考指标。

（2）第二个大周期结束

本周期要集中安排快肌纤维有氧能力的训练，肌肉的耐力训练随着肌肉的力量增长之后，可以很好地进行爆发力的训练。因此测试内容选择反映有氧耐力、无氧耐力的指标，测试结果也为第三个大周期训练内容的设定提供参考依据。该阶段运动员的竞技能力逐渐接近峰值，此时测试的结果应达到该周期的预期的训练目标，如已达到便可进行下一周期的系统训练，如未达到也可及时调整训练计划。

（3）第三个大周期结束

本周期的训练目的是提高无氧供能的能力，要完成爆发力和速度的训练以适应高峰期比赛的要求。该周期为比赛前进行系统训练的最后一个周期，在第三个大周期的结束时，运动员基本达到最佳竞技状态，可预估运动员在正式比赛中的成绩。

（4）第四个大周期期间

本周期内必须保持住前几个周期所获得的能力，要继续进行提高有氧能力和其他方面供能的能力以及肌肉系统的训练。因此，测试时间要至少在赛前两周，让运动员在身体和心理上都得到充分的休息，以良好的状态为比赛做准备。

该时期测试已经基本接近最终的比赛成绩，因此，要注意在测试后，帮助运动员调整好心态，以免不理想的测试成绩影响正式比赛。

主要参考文献

[1] 赵燕潮.中国残联发布我国最新残疾人口数据全国残疾人口逾8500万[J].中国残疾人，2012（4）：20-20.

[2] 孙永生.我国身体运动功能训练的理论研究[D].北京：首都体育学院，2021.

[3] 尹军，张启灵，陈洋.乒乓球运动员身体运动功能训练[M].北京：北京体育大学出版社，2013.

[4] 国家体育总局训练局国家队体能训练中心.身体功能训练动作手册[M].北京：人民体育出版社，2014.

[5] 尹军，袁守龙.身体运动功能训练[M].北京：高等教育出版社，2015.

[6] 尹军.身体运动功能诊断与训练[M].北京：高等教育出版社，2015.

[7] 王骏昇，尹军，齐光涛.射击运动员身体运动功能训练[M].北京：人民体育出版社，2017.

[8] 尹军，袁守龙.身体运动功能训练[M].北京：人民体育出版社，2017.

[9] 张秀丽，张威，刘改成.少年儿童身体运动功能训练[M].北京：科学出版社，2018.

[10] 关惠明.谈越野滑雪运动员的专项力量耐力训练[J].冰雪运动，

1997（2）：38-39.

[11] 格雷·库克.动作——功能动作训练体系[M].张英波，梁林，赵洪波，译.北京：北京体育大学出版社，2011.

[12] 巴哈.运动损伤的预防[M].王正珍，译.北京：人民卫生出版社，2011.

[13] 中国国家体育总局.中国体育教练员岗位培训教材（赛艇）[M].北京：人民体育出版社，1999.